10대로 살아가기

Illustrated by Andy Passchier
Written by Carrie Lewis, Megan Lewis and Amelia Lewis
Designed by Richard Sykes
Edited by Suzanne Fossey and Rebecca Kealy
Copyright © 2022 Igloo Books Ltd
Published in 2023 in the UK by Autumn Publishing
An imprint of Igloo Books Ltd
Owned by Bonnier Books
All rights reserved, including the right of reproduction
in whole or in part in any form.

Manufactured in China.

이 책은 저작권자와의 독점계약으로 애플트리태일즈에서 출간되었습니다.
저작권법에 의해 한국 내에서 보호를 받는 저작물이므로 무단전재와 복제를 금합니다.

10대로 살아가기

처음 펴낸날 2024년 5월 10일 | 지은이 캐리 루이스, 매건 루이스, 아멜리아 루이스 | 그린이 앤디 페쉬어
옮긴이 박여진 | 펴낸이 김옥희 | 펴낸곳 애플트리태일즈 | 출판등록 제16-3393호
주소 서울시 강남구 테헤란로 201(아주빌딩), 501호 (우)06141 | 전화 (02)557-2031
팩스 (02)557-2032 | 홈페이지 www.appletreetales.com | 블로그 http://blog.naver.com/appletales
페이스북 https://www.facebook.com/appletales | 트위터 https://twitter.com/appletales1
인스타그램 @appletreetales, @애플트리태일즈
가격 14,000원 | ISBN 979-11-92058-34-4 (73190)

어린이제품 안전특별법에 의한 기타 표시사항
품명 : 도서 | 제조 연월 : 2024년 5월 | 제조자명 : Igloo Books UK | 제조국 : 중국 | 사용연령 : 9세 이상
주소 : 서울시 강남구 테헤란로 201, 5층(02-557-2031)

목차

인생은 정말 멋진 거야!	6
진정한 나만의 공간	8
나만의 행복한 공간 찾기	10
나만의 시간 vs 그 외 활동	12
인생 목표	14
온라인 생활	16
잠시라도 디지털에서 벗어나기	18
능력 있고 멋진 나!	20
내 의견 내기	22
실패도 해 보고 잘 대처하기	24
공부와 공부 방법	26
나만의 공부 방식 찾기	28
피젯 토이	30
공부 계획	32
미루지 않는 습관	34
건강 관리	36
중요한 날 대비하기	38

돈, 돈, 돈!	40
은행 용어	42
저축	44
돈 쓰기 전에 점검할 일!	46
용돈 벌기	48
취미로 돈 벌기	50
고쳐서 다시 쓰기(리폼)	52
내 인생이야!	54
안전지대를 벗어나 탐험해 보기	56
창의력 발휘하기	58
유능한 탐정	60
비판적 자세	62
친절의 중요성	64
놀라운 나 자신	66
황금 울타리가 되어 주는 사람들	68
자료 출처	70
찾아보기	72

인생은 정말 멋진 거야!
(가끔 그렇지 않을 때도 있지만…….)

아무도 묻지 않는다 해도 인생에는 굉장히 중요한 두 가지 질문이 있다.

'나는 어떤 사람이 될 것인가?'
'어떻게 그렇게 될 것인가?'

멋지게 포장하거나 억지로 꾸며서 대답하지 않아도 된다. 이 질문은 여러분 인생에 정말, 진짜로, 엄청나게 중요한 질문이다. 인생은 선택의 연속이기 때문이다. 어떤 사람이 될지 선택하고, 이 세상에서 어떻게 살아갈지 선택하고, 지금 내 모습과 내가 가진 것에서 어떻게 가장 좋은 나로 만들어 갈지를 선택해야 한다. 기본적으로 인생은 수많은 선택의 연속이다.

세상 어딘가에서 여러분의 인생이 기다리고 있다. 그 인생은 어떤 모습이든 될 수 있다. 세상에는 아름다운 곳도 많고 대단한 사람도 많다. 신비한 일, 기적, 경이로운 사람 등. 여러분도 아름답고 대단한 존재다. 인생이 여러분을 어디로 데려갈지 생각해 보자. 높은 산꼭대기일 수도 있고 깊고 깊은 상상 속 세계일 수도 있다.

지금은 뭔가 빠진 것 같은 기분이 들 수도 있다. 인생의 어두운 면은 어떨까? 삶에 따라오는 슬픔, 죽음, 가난 그리고 그다지 멋지지 않은 모든 것들은 어떤 걸까?

음…… 모든 롤러코스터마다 내리막이 있다. 하지만 중요한 것은 내리막을 어떻게 내려가는가이다. 인생의 힘든 시기를 통해 다른 사람에게 공감하는 능력을 기를 수도 있고, 자신을 더욱 강하게 단련할 수도 있다. 인생의 힘든 시기가 있다는 사실을 인정하고 그 시기마저 인생의 일부로 받아들여야 한다. 살다 보면 늘 더 좋은 날들이 있기 마련이다.

선택을 하다 보면 모두가 같은 곳에서 출발하지 않는다는 사실을 깨닫는 날도 올 것이다. 어떤 사람은 크고 좋은 집에서 태어나고 또 어떤 사람은 굉장한 재능을 타고나기도 한다. 하지만 다른 사람의 장점만 보느라 내게 있는 것을 보지 못하면 안 된다! 누구나 잘하는 것이 있고 누구나 어떤 사람이든 될 수 있다는 것이 중요하다. 단지 어떤 사람이 되고 싶은지, 어떻게 하면 될 수 있는지 알아 가면 된다. 이 책에서 소개하는 아이디어들이 여러분의 선택을 도와줄 수 있을 것이다!

> 그러니 집 안에 틀어박혀
> 창밖에 흘러가는 세상을 바라만 보지 마라.
> 밖에 나가라. 나가서 기회를 잡아라!
> 어서! 무엇보다도
> **다가온 기회를 재미있게 즐겨라!**

진정한 나만의 공간

한 사람의 주변을 보면 그 사람이 어떤 사람인지 알 수 있다. 진짜 나만의 공간은 기분을 편안하고 차분하게 해 준다. 가능하면 집에서 정말 편안한 나의 모습으로 지낼 수 있는 공간을 만들어 보자.

쿠션이 잔뜩 있어서 몇 시간이고 책을 읽을 수 있는 아늑한 서재도 좋고, 좋아하는 가수나 배우의 사진으로 꾸민 공간도 좋다. 깔끔하게 정돈된 공간도 좋고 창의적으로 어지른 공간도 좋다. (하지만 침대 밑에 곰팡이가 핀 공간은 좋은 공간이 아니다) 어떤 스타일이든 나답게 지낼 수 있는 작은 공간만 있다면 기분이 정말 편안해진다.

내가 정말 좋아하는 것 찾기

여러분이 진심으로 좋아하는 것은 무엇인가? 그것들에 공통점이 있는가? 거기에 얽힌 추억이 있는가? 아니면 그것들의 생김이나 분위기가 비슷한가? 아래 빈칸에 답을 적어 보자.

내가 좋아하는 것:

좋아하는 책/음악은?

좋아하는 색은?

밝은 게 좋은가, 아니면 어두운 게 좋은가?

오래된 물건이 좋은가, 아니면 새로운 물건이 좋은가?

좋아하는 질감은? (예를 들면, 보들보들, 포근포근, 거칠거칠 등)

무광 느낌이 좋은가, 반짝이는 것이 좋은가?

편안함, 세련됨, 단정함 중 어떤 분위기를 좋아하는가?

이제 좋아하는 것들을 모아 공간을 꾸며 보자. 이 공간에서 오랫동안 머물고 싶을지도 모르니 편안하게 눕거나 앉을 수 있는 공간을 만들자.

여러분이 선택한 공간이 침실이라면 꼭 있어야 하는 물건(옷이나 교과서, 운동복 등)이 방해가 되지 않도록 수납 공간을 만들어 보자. 옷장이나 침대 아래 상자를 마련해 두면 여러 물건을 눈에 띄지 않게 보관할 수 있다. 명심하자. 아무리 '창의적으로 어지른' 방이라도 너무 지저분하면 잠잘 때 방해가 될 수도 있고 필요한 물건을 찾지 못해 불안감을 느낄 수도 있다.

여러 가지 아이디어

사진 벽

휴대폰 사진을 출력하여 좋아하는 연예인이나 동물 사진을 챙겨 보자! 이 사진들을 벽에 붙여두면 좋아하는 얼굴을 매일 볼 수 있다.

잠시 바깥세상 차단하기

커튼이나 식물, 조명 등이 있는가? 집안 어른에게 침대 주위에 커튼 같은 것을 드리워 달라고 부탁해 사생활을 보호할 공간을 만들어 보자. 아니면 구석에 담요나 쿠션 등으로 푹신하고 아늑한 공간을 만들어 보자.

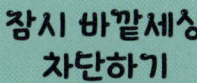

취미 전시하기

취미가 있으면 인생이 행복해진다. 잘 연주하는 악기나 좋아하는 스포츠팀 유니폼을 벽에 걸어 보자.

나만의 행복한

일단 조용한 장소를 찾아보자. 앞에서 이미 그런 장소를 찾았다면, 그 장소도 좋다.

편안하게 앉아 눈을 지그시 감아 보자. 마음속으로 특별히 즐거운 추억이 깃든 장소를 떠올려 보자. 방학 때 갔던 곳이나 좋았던 여행지를 생각해 보자. 이제 내가 그곳에 있다고 상상해 보자.

어떤 소리가 들리는가?
무엇이 보이는가?
어떤 냄새/맛이 느껴지는가?
햇살이나 바람이 느껴지는가?
누군가와 함께 있는가?
그들은 무엇을 하고 있는가?

공간 찾기

기억을 더듬는 동안 천천히 코로 숨을 들이마시고 입으로 내뱉어 보자. 숨을 배꼽까지 깊숙하게 들이마시는 기분으로 깊이 쉬는 것이 좋다.
최대한 오래 이 상태를 유지하다가 자리에서 일어나자.

일기나 다이어리 쓰기도 생각을 정리하는 데 도움이 된다.
일기는 내 생각을 이해하도록 도와주는 좋은 도구다.
잠들기 직전 일기를 쓰면 생각이 차분해지고 마음이 정돈되는 사람들이 많다.

나만의 시간 vs 그 외 활동

'**시**간 관리'라는 말이 지루하게 들릴 수도 있지만, 이 말을 흘려듣지 말고 아래의 계획표를 꼼꼼히 살펴보자. 특히 '상 받기' 칸을 주의 깊게 보길 바란다.

	공부/일	상 받기	동아리 활동	휴식
월요일	미술 숙제	게임하는 밤		
화요일			축구 연습	책 읽기
수요일	요리 돕기	영화 보는 밤		
목요일				컴퓨터 게임
금요일	수학 숙제	초콜릿 먹기!	운동	
토요일	영어 숙제	친구들과 놀러 가기		
일요일	내 방 청소	공원에 놀러 가기		

이 계획표는 시간을 잘 정리하면 인생이 어떻게 더 좋아지는지 보여 주는 예이다. 숙제나 집안일을 언제 할지 미리 정하면 자신에게 상을 주는 시간과 방법도 정할 수 있다. 집안일을 도우면 가족에게 도움이 될 뿐 아니라 기분도 뿌듯해진다. 집안일을 한다는 것은 한 사람으로서 책임감 있게 성장하고 있으며, 집에 도움이 되고 있다는 것을 보여 주는 일이다.

옆 페이지에 나만의 계획표를 만들어 보자. 상주기는 충분하고 넉넉하게 해 주도록 하자! 여러분은 그렇게 상을 받을 가치가 있다!

나의 계획표

	월요일	화요일	수요일	목요일	금요일	토요일	일요일
학교							
숙제하기							
시 맞기							
운동/잠							

인생 목표

사람마다 목표가 있다. 그리고 그 목표를 보면 그 사람에 대해 많은 것을 알 수 있다. 흔히 '목표' 하면 일이나 학습 목표를 떠올리기 쉽지만, 사실 목표에는 여러 종류가 있다. 사회적 목표나 운동 목표도 모두 목표에 해당한다.

목표를 이루려면 시간과 노력이 필요하다. 목표를 너무 쉽게 이뤘다면 좀 더 야심 찬 목표를 세우는 것도 좋다. 목표에서 기억해야 할 두 단어가 있다. 바로 도전과 인내다. 도전이란 자신을 더 성장하게 할 강력한 목표를 세우는 과정이다. 인내란 목표 달성에 필요한 노력과 결단력이다. 목표를 이루는 과정에서 겪게 될 좌절을 극복하는 것도 인내에 포함된다. 여러분이 도전하고 싶은 목표는 무엇인가? 이제 그 목표에 다가가기 위한 계획을 세워 보자. 악기 배우기나 저축, 새로운 게임기 사기 등 여러 가지 목표를 세워도 좋다. 이제 목표를 이루기 위한 계획을 꼼꼼히 세워 보자.

여러 가지 목표:

- 새로운 기술 익히기
- 새로운 것 만들기
- 1~2km 정도 뛰거나 수영하기
- 등산
- 올해 책 50권 읽기
- 레프팅 하기
- 무대에 올라 연극 공연 하기
- 누군가를 돕기 위한 모금 활동 하기
- 꿈의 직업을 향한 준비는?

마음먹은 것은 무엇이든 할 수 있다!

목표:

목표를 이루는 데 필요한 기술이나 자격이 있는가?

목표를 달성하는 데 시간이 얼마나 걸리는가?:
친절한 사람 되기나 운동하기 목표를 달성하는 데 여섯 달이 걸릴 수도 있고, 직업 경력을 쌓는 데 20년이 걸릴 수도 있다.

목표를 이루려면 누군가의 도움이 필요한가? 필요하다면 누가 도와줄 수 있을까?

당장 눈앞에 있는 어려움은 무엇인가?

목표를 이뤘다는 사실을 어떻게 알 수 있는가?

목표를 이루고 나면 자신에게 어떤 상을 줄 것인가?

목표:

목표를 이루는 데 필요한 기술이나 자격이 있는가?

목표를 달성하는 데 시간이 얼마나 걸리는가?:
친절한 사람 되기나 운동하기 목표를 달성하는 데 여섯 달이 걸릴 수도 있고, 직업 경력을 쌓는 데 20년이 걸릴 수도 있다.

목표를 이루려면 누군가의 도움이 필요한가? 필요하다면 누가 도와줄 수 있을까?

당장 눈앞에 있는 어려움은 무엇인가?

목표를 이뤘다는 사실을 어떻게 알 수 있는가?

목표를 이루고 나면 자신에게 어떤 상을 줄 것인가?

온라인 생활

게임도 하고, 영상도 보고, 음악도 듣고, 온라인으로 대화도 나누게 해 주는 휴대폰과 태블릿 PC는 아마 여러분에게 최고의 디지털 친구일 것이다.

그래도 괜찮다!
다만, 온라인 생활에서는 피해야 할 문제도 있고 슬기롭게 대처해야 할 순간이 있다. 온라인 생활을 안전하게 할 수 있는 황금 법칙을 소개하도록 하겠다.

사기

사기를 조심하자. 뭔가 지나치게 좋아 보인다면 사기일지도 모른다. 할인, 초대, 친구, 광고(좋은 광고와 악성 광고를 구분하는 방법은 47쪽에 자세히 나와 있다)도 모두 마찬가지다. 이메일이나 메시지 혹은 웹사이트가 뭔가 수상쩍다면 클릭하지 말고 바로 삭제하자.

개인 정보

내 개인 정보는 오직 나의 것이다. 내 정보는 아주 잘 간수해야 한다. 무언가 혹은 누군가 개인 정보를 요구한다면 주의를 기울이자. 개인 정보에는 이름, 주소, 생일, 학교, 가족 정보, 휴대폰 정보, 사진 등이 모두 포함된다. 잘 모르는 게임이나 웹사이트에 가입할 때는 실명을 쓰지 말고 닉네임을 사용하자.

악플러에게 먹이를 주지 말자

온라인에서는 불쾌한 말을 해도 괜찮다고 생각하는 사람도 있다. 하지만 그 어떤 경우에도 누군가를 괴롭히는 일은 옳지 않다. 온라인에서 나를 심하게 놀리거나 욕설을 퍼붓는 사람이 있다면 그 사람과 대화를 중단하고 어른에게 알리자. 아무리 친한 친구들끼리라도 단체 채팅을 하다 보면 가끔 상황이 걷잡을 수 없이 되기도 한다. 그런 일이 벌어지면 못되게 구는 사람 편에 서지 말자. 오히려 괴롭힘을 당한 친구가 괜찮은지 확인하고, 괜찮다면 친구를 괴롭히는 사람에게 그런 태도에 수긍할 수 없다고 말하자. 만약 온라인에서 공격을 당한다면 가장 좋은 방법은 그 단체 채팅방에서 즉시 나오는 것이다. 하지만 상황이 쉽지 않을 때도 있다. 안 좋은 쪽으로 주목받는 것이 걱정된다면 되도록 댓글을 적게 달고 댓글 알림이나 톡 알림을 무음으로 하고 천천히 그 채팅방을 나오도록 하자.
온라인에서건 실제 생활에서건 가장 중요한 것은 안전이다.

진짜 중요한 것은 현실

온라인에서 오랜 시간을 보내다 보면 가족이나 친구와 보내는 시간, 사람들과 어울려 활동하는 시간이 줄어들기 쉽다. 이런 생활이 오래가면 기분이 우울해지거나 심지어 불행하다는 생각까지 들 수 있다. 우리의 뇌는 사람들을 직접 만나면서 필요한 자극을 받는데 그 자극을 받지 못하면 그런 부정적인 감정이 든다. 현실에서나 온라인에서 모두 다양한 활동을 충분히 해야 한다.

진실을 보자

온라인에는 가짜 뉴스나 편집이 많이 된 사진 등 거짓 정보가 넘쳐난다. 믿을 수 있는 사이트나 블로그를 알아 두고 가능한 그런 곳만 이용하는 것이 좋다. 온라인에서 글을 읽거나 영상을 볼 때는 항상 이 질문을 잊지 말자! "누가, 이 말을, 왜 하는 거지?"

온라인에서 만난 사람은 온라인에서만

온라인에서 만난 사람을 실제로 만나는 일이 없도록 해야 한다. 그 사람이 어떤 사람인지 정말 궁금하다면 반드시 어른과 함께 그 자리에 나가도록 하자. 안전한 장소에서 만나되, 집이나 학교 근처 혹은 자주 가는 장소에서 만나지 않도록 하자.

신고하기

우연히 노골적인 내용이 담긴 온라인 사이트에 접속하거나 그런 내용을 담은 이메일을 받을 때가 있다. 그럴 때는 불법 및 유해 사이트를 신고하고 그 사실을 부모님이나 선생님 등 주변 어른에게 알리도록 하자. (유해 사이트는 한국방송통신심의위원회 http://www.kocsc.or.kr/mainPage.do 나 포털 신고 게시판에서 신고할 수 있다) 아는 사람에게 이야기하는 것이 불편하다면 청소년 전화 1388(지역번호+1388)이나 www.cyber1388.kr, teentalk.or.kr 등을 이용하면 도움을 줄 전문가를 만날 수 있다.

잠시라도 디지털에서 벗어나기

정신

건강을 지키려면 스마트폰을 내려놓고 다른 일에 집중해야 한다. 하지만 스마트폰에 중독되어 있다면 내려놓기 쉽지 않다.

온라인에서 너무 많은 시간을 보내면 생기는 안 좋은 결과 세 가지와 이를 극복하는 요령을 살펴보자.

포모

포모란 자신만 뒤처지거나 소외될 것 같은 두려움 Fear of Missing out 을 말한다. 다른 사람들이 무엇을 하고 있는지, 그 사람들이 누구와 함께 있는지, 무슨 옷을 입고 다니는지를 보면서 남들이 경험하는 중요한 일들과 물건을 나만 놓치고 있다는 불안감을 느낄 때 생기는 현상이다. 혹시 여러분에게도 익숙한 감정인가? 안타깝게도 이런 증상은 불안과 우울로 이어질 수 있다.

포모를 최소화하는 요령

- 내게 없는 것보다는 내게 있는 물건, 친구, 경험 등을 생각하자.
- 스마트폰을 내려놓고 현실 세계에 있는 친구나 가족을 만나자. 그러면 포모를 금방 잊게 된다.
- 꾸준히 일기를 쓰는 습관이 도움이 된다. 매일 감사한 일들을 생각하고 적어 보자.

디지털 디톡스에 도전하기

온라인 중독에서 벗어나고 싶은가? 이렇게 해 보자!

I단계

지금 겪고 있는 가장 큰 디지털 문제나 나쁜 습관을 적어 보자. 아래 목록에 자신의 이야기가 있는가?

- ☑ 아무 생각 없이 인터넷 화면을 스크롤 한다. 혹은 안 좋은 소식의 뉴스를 계속 클릭한다. 특히 국가적인 재난이나 비상사태가 생기면 이런 행동이 심해진다.
- ☑ 메시지나 톡 알림을 계속 기다리다가 알림이 울리자마자 확인한다.
- ☑ 누가 내 게시물에 '좋아요'를 눌렀는지, 누가 댓글을 달았는지 계속 확인한다.
- ☑ 잠자리에도 휴대폰을 가져가 밤늦도록 본다. 문제를 바로 아는 것이 문제를 해결하는 첫걸음이다.

수면 부족

밤에도 쉬지 않고 알림음이 울리거나 톡에 답장하느라 늦게까지 잠을 자지 않는다면 잠이 부족해질 수 있다. 자야 할 시간에 스마트폰 화면을 가까이 보면 뇌의 수면을 방해할 수 있다.

수면 부족을 최소화하는 요령

✿ 침대 옆에 스마트폰을 두지 말 것. 알람이 필요하다면 침대 옆이 아니라 선반이나 방 한쪽에 두어 스마트폰을 사용하고 싶은 유혹을 참아 보자.

✿ 모든 알림음을 무음으로 설정하자. 몇몇 스마트폰에는 '취침 모드' 기능이 있는데 이 모드를 설정해두면 잠자는 동안 울리는 모든 알림음을 막아 준다.(기상 알람은 꺼지지 않으니 걱정하지 말자.)

✿ 잠자리에 들기 한 시간 전에는 스마트폰을 일절 사용하지 않도록 하자. 이렇게만 해도 잠들기가 한결 쉬워진다.

부정적인 생각

소셜미디어의 알고리즘은 딱 하나다. 무언가를 많이 볼수록 내 피드에 그와 관련된 것이 더 자주 뜨게 하는 것. 피드가 부정적인 내용으로 가득하면 화면을 스크롤 할수록 블랙홀에 빨려들 듯 점점 더 부정적인 내용으로 빠져들게 된다.

부정적인 콘텐츠를 최소화하는 요령

✿ 온라인에서 나를 팔로우하는 사람이 어떤 이유로든 내 기분을 상하게 한다면 주저하지 말고 팔로우를 끊자.

✿ 내 피드가 슬프고 우울한 내용으로 가득 차 있다면 기분 좋은 내용을 검색해 보자. 온라인 세상에는 기분을 좋게 해 주는 이야기와 영상으로 가득한 '좋은' 사이트 계정이 많다.

✿ 보고 싶지 않은 콘텐츠는 '더 이상 보지 않기/이런 내용 콘텐츠 덜 보기'를 클릭하자. 명심하자. 내 온라인 세상은 내가 통제하는 것이다. 온라인이 나를 통제하도록 내버려 두지 말자.

2단계

앱, 메시지, 이메일 등의 알림음을 모두 끄자. 이렇게 하면 휴대폰 알림음에 잘 훈련된 강아지처럼 반응하며 달려가는 습관을 고치는 데 도움이 된다.

3단계

휴대폰을 늘 가지고 다닐 필요는 없다. 집안 한 곳에 장소를 정해 두고 그곳에 휴대폰을 두자. 필요하면 사용할 수도 있지만, 그 외 다른 시간에는 휴대폰 없이 다른 일에 집중하자. 가끔 휴대폰을 확인하는 정도면 충분하다.

4단계

이제 집에 있는 동안은 휴대폰을 완전히 꺼 보자. 하루 한 번 메시지를 확인하는 시간만 정해 두자. 확인한 후에는 다시 끄고 내일까지 켜지 말자.

능력 있고 멋진 나!

긴급 상황에 잘 대처하는가? 아니면 망토를 두른 누군가가 나를 구해 주길 바라며 허둥지둥 정신없이 설치기만 하는가?

명심하라. 망토를 둘렀다고 모두 영웅은 아니다. 몇 가지 요령만 잘 알아 두어도 겁쟁이가 아닌, 누군가를 구하는 사람이 될 수 있다. 아니면 최소한 위기 상황에서 도움이 될 수 있다. 아래 목록을 살펴보고 지금 내 상황에 맞는 무언가를 배울 수 있는지 살펴보자.

★ 응급 상황이 생기면 어디에 연락해야 하는지 모두 알고 있다. ☐

★ 집이나 학교에 불이 나면 어떻게 대피해야 하는지 알고 있다. ☐

★ 집이나 학교에서 화재를 예방하는 법을 알고 있다. ☐

★ 구급상자에 있는 용품 사용법을 모두 알고 있다. ☐

★ 화상을 입었을 때, 코피가 났을 때, 살짝 다쳤을 때 어떻게 대처하는지 알고 있다. ☐

★ 누군가 기절하거나 의식을 잃었을 때, 어떻게 대처하는지 알고 있다. ☐

★ 누군가가 천천히 숨을 쉬도록 도와주어 흥분을 가라앉히도록 하는 법을 알고 있다. ☐

★ 안전하게 길을 건너는 법과 다른 사람이 안전하게 길을 건너도록 돕는 법을 알고 있다. ☐

★ 지도를 사용해 길을 찾는 법을 알고 있다. ☐

★ 정전이 발생했을 때 어떻게 해야 하는지 알고 있다. ☐

내 의견 내기

역사에 길이 남을 세계적인 리더를 꿈꾸는 사람이건, 아니면 내가 항상 맨 마지막에 화장실을 사용하는 것이 불공평하다고 생각하는 사람이건, 내가 옳다고 생각하는 것을 떳떳하게 말할 수 있는 방법을 알면 늘 도움이 된다.

내 의견을 밝힐 때 지나치게 흥분하거나 아무도 내 말을 듣지 않는다며 낙담하는 사람이 있다.
다음의 7가지 방법을 따라 하면 차분한 분위기로 모두의 주목을 받을 수 있다.

할 말 연습하기

설득에 준비보다 좋은 방법은 없다. 준비하지 않고 입에서 그냥 나오는 말은 생각 없이 들리거나 자칫 감정적으로 화난 것처럼 들리기 쉽다. 말하기 전에 미리 연습해 두면 필요한 말을 잘할 수 있다.

내가 원하는 것을 분명히 말하자

내 목표가 무엇인지 알고 사람들에게 알려야 한다. 월요일에는 집에서 고기를 먹지 않기가 목표이건 학생회장 되기가 목표이건 내 목표를 말하자! 이런 것을 원한다고 혹은 이런 생각을 한다고 부끄러워할 필요가 없다. 속마음을 솔직히 말하면 사람들도 내가 원하는 것을 이룰 수 있도록 도와줄 것이다.

> "내 목소리를 찾을 때, 내 힘도 찾는 것이다."

불평하지 말고 원하는 것 말하기

불평하기는 쉽다. 하지만 상황을 바꾸려면 더 큰 노력이 필요하다. 무언가를 바꾸고 싶은가? 학교에서 재활용 플라스틱을 처리하는 방식이나 집에서 음식물 쓰레기를 처리하는 방식을 바꾸고 싶다면 무엇이 잘못되었는지 불평하기보다는 어떻게 바꿀 것인지에 집중하자. 해결책을 제시하고 내 의견을 주장하면 더 많은 지지를 받을 수 있다.

상대방 관심 끌기

중요하게 할 말이 있다면 관련된 모든 사람이 참석했는지, 모두가 나를 주목하고 있는지 확인하자. 휴대폰은 잠시 넣어 두라고 요청하고 지금부터 진지하게 할 이야기가 있다고 말하자.

깊게 심호흡하고 침착하게 말하기

특히 길고 어려운 대화를 나눌 때일수록 이 방법이 필요하다. 숨을 깊게 들이마시고 천천히 내뱉으면서 차분함을 유지하자.

큰 소리 내지 말고 차분하게 설명하기

내 의견을 말하다 보면 열정이 지나치게 넘치거나 너무 흥분해서 화가 날 때도 있다. 하지만 사람의 마음은 큰 목소리로 얻는 것이 아니다. 소리를 지르면 긴장감을 조성하거나 불필요한 논쟁을 일으키기 쉽다. 말하다가 내 목소리가 커졌다고 생각되면 심호흡을 하고 잠시 쉬었다가 차분히 말을 이어 나가자.

내 생각 전달하기

내 의견도 좋지만 다른 사람도 자신의 의견이 있을 수 있다. 늘 다른 사람의 의견을 존중해야 한다는 사실을 잊지 말자. 설령 상대의 의견이 나와 다르더라도 의견의 차이일 뿐, 화낼 필요가 없다.

> "목소리가 떨리더라도, 진심을 말하십시오."
>
> — 매기 쿤

실패도 해 보고 잘 대처하기

무언가에 실패하면 두렵기도 하고 기분도 안 좋아진다. 하지만 명심하자. 누구나 실패한다. 첫 시도에 완벽한 사람은 아무도 없다.

프로 스노보더는 가장 먼저 잘 넘어지는 법부터 배운다. 점프나 플립부터 배운다면 당장은 멋져 보일지 몰라도 처음 넘어질 때 뼈가 부러지거나 크게 다칠 수 있다. 처음에 실패도 해보고 잘 대처해 봐야 더 멋진 것들을 자유롭게 할 수 있다.

"때때로 성공은 모든 실패의 결과이다."

빈센트 반 고흐

실패는 우리에게 더 큰 도전, 더 용기 있는 도전을 하게 해 줄 뿐 아니라 좋은 교훈을 주기도 한다. 수많은 과학적 혁신은 과학자들이 우연히 저지른 실수의 결과인 경우가 많다. 알렉산더 플레밍은 연구 중이던 박테리아 샬레를 실수로 열린 창문 옆에 두었다가 샬레에 곰팡이가 잔뜩 생긴 것을 발견했다. 이것을 본 플레밍은 곰팡이와 박테리아가 같은 곳에서 생기지 않는다는 사실을 발견했다. 플레밍은 꼼꼼히 조사한 결과 곰팡이에서 생긴 액체에 페니실린 성분이 들어있다는 사실을 알게 되었다. 이 발견으로 현대 의학에 엄청난 변화가 생겼고 수많은 사람이 목숨을 구할 수 있었다.

어떻게 실패에 대처할까?

천천히 호흡하며 이 말을 떠올리자. '나는 아직 배우는 중이다.' 여러 연구에 의하면 실수는 뇌가 새로운 방법을 개발하는 데 도움을 주어 더 쉽게 배울 수 있게 해 준다.

내가 무엇을 이루었는지보다는 내가 얼마만큼 노력했는지에 더 집중하자. 예를 들어, "내가 달리기 경주에서 1등을 했으면 좋았을 텐데." 하고 생각하기보다는 "지금껏 달린 중에 가장 빨리 달려서 나 자신이 무척 자랑스러워."라고 생각하자.

나 자신에게 질문하기

1. 여기서 나는 무엇을 배울 수 있는가?
2. 다음에는 어떻게 다르게 할 것인가?
3. 도움이 필요한가?
4. 누구에게 조언을 구할 수 있을까?

> 주위에 어떤 일에 실패한 사람들을 찾아보고, 그 사람들이 실패에 대해 어떻게 말하는지 들어 보자.

"실패는 성공으로 가는 과정이다."

알버트 아인슈타인

공부와 공부 방법

좋건 싫건, 인생의 어느 순간에는 공부를 해야 한다. 자신이 좋아하는 공부 방법을 알아 두면 공부가 한결 편해진다.

다음은 자신에게 가장 잘 맞는 공부 방법을 만드는 요령과 습관이다.

목표에 집중하기

공부를 시작할 때 동기를 갖는 것은 무척 중요하지만, 때론 동기를 찾기가 어려울 때도 있다. 그래서 목표에 집중하는 것이 중요하다. 나사(NASA)에서 일하는 것이 꿈이건, 꿀벌을 키우는 것이 꿈이건 관련 과목을 열심히 공부하면 중심을 잃지 않고 잘 나아갈 수 있다. 목표를 이룬 자신의 모습을 상상해 보라. 그때 기분이 어떨지도 생각해 보라. 그러면 첫걸음이 그렇게 어렵지만은 않을 것이다.

하나, 둘, 셋 시작!

공부를 시작하려면 약간의 자극이 필요할 때도 있다. 이때 자신만의 규칙적인 습관을 만들면 도움이 된다. 예를 들어 공부를 시작하기 전 연필을 깎고, 음료를 한 잔 마신 뒤 필기구를 가지런히 정리하는 습관은 어떨까?

자신에게 맞는 규칙적인 습관 두세 가지를 만들어 공부를 시작하기 전 항상 그 규칙을 지켜 보자. 시간이 지나면 이 규칙적인 일들을 진행하는 동안 뇌가 스스로 공부할 준비를 하게 된다.

시간 관리

언제, 어떤 과목을, 얼마나 오래 공부할지 미리 정하자. 필요하다면 30분마다 휴식 시간을 정해도 좋다. 공부 목표를 다 이뤘다면 스스로에게 따뜻한 초콜릿 음료 한 잔이나 가벼운 게임 한 판 등 기분이 좋아지는 보상을 해 주자.

다른 사람 가르치기

공부한 내용을 가장 잘 기억하는 방법은 다른 사람을 가르치는 것이다. 가르칠 대상을 찾아 공부했던 내용을 가르쳐 보자. 그 사람이 내용을 잘 이해하고 질문까지 한다면 제대로 잘 가르친 것이다!

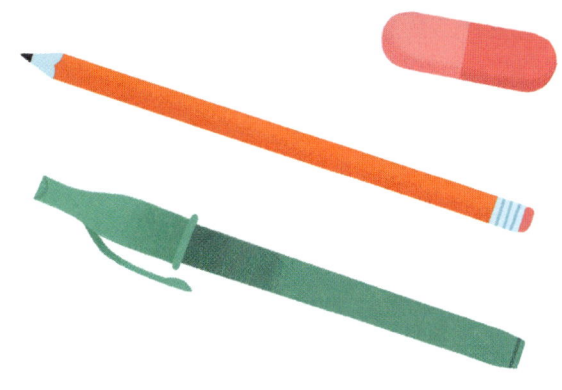

필기

필기는 공부한 내용을 잊지 않는 확실한 방법이다. 하지만 무조건 많이 쓴다고 해서 좋은 것은 아니다. 좋은 필기란 중요한 내용을 알아보기 쉽게 적는 것이다. 도표나 표 혹은 마인드맵(지도를 그리듯 생각을 정리하는 기술로 주로 중요한 생각을 가운데 적고 거기서 여러 생각을 뻗어나가게 그리며 표시한다—옮긴이)을 이용하는 사람도 있고, 다양한 색으로 내용을 구분하는 사람도 있으며 주제별로 따로 공책을 만들어 정리하는 사람도 있다. 어떤 방식이든 필기 공책은 오직 나 자신에게 보여 주기 위한 것이므로 자신이 가장 보기 좋은 방식으로 정리하자.

> "성공한 사람들은 타고난 것이 아니다. 그저 열심히 노력하다 보니 성공적으로 목표에 도달한 것이다."
>
> G.K. 닐슨

나만의 공부 방식 찾기

사람마다 공부 방식이 다르다. 나는 낱낱이 기억하는 내용을 친구는 완전히 잊어버릴 수도 있다. 자신에게 가장 잘 맞는 공부 방식을 알아 두면 공부 시간을 더욱 효율적으로 관리할 수 있다. 아래 물음에 답하면서 나만의 공부 방식을 찾아보자.

1. 한참 게임을 하다가 갑자기 게임이 끊겼을 때
a) 온라인에서 게임 관련 동영상을 찾아보는가?
b) 게임 설명서를 읽어 보는가?
c) 문제를 찾아낼 때까지 여러 가지 방법을 시도해 보는가?

2. 다음 중 공부에 가장 방해가 되는 것은?
a) 창밖 풍경
b) 밖에서 시끄럽게 떠드는 사람들
c) 불편한 의자

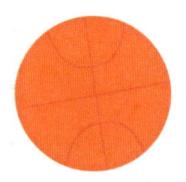

3. 다음 중 가장 재미있다고 생각하는 것은?
a) 책 읽기나 그림 그리기
b) 음악 듣기
c) 운동하기

4. 누군가에게 우리 집으로 가는 길을 알려줄 때 어떤 방식으로 알려 주는가?
a) 집으로 가는 길에 있는 큰 건물이나 유명한 상징물을 설명한다.
b) 집까지 이어지는 도로명을 알려 준다.
c) 따라오라고 한다. 설명하기보다는 직접 알려 주는 편이 편하다.

5. 지루할 때는 주로
a) 공책에 낙서를 한다.
b) 누군가와 수다를 떨거나 혼자 콧노래를 한다.
c) 안절부절못하거나 방안을 서성인다.

A가 가장 많은 사람은:
시각 학습자

시각 학습자에게는 보는 방식이 가장 효과적이다.
- 책이나 자료에서 중요한 부분에 눈에 띄는 색으로 강조 표시를 하자.
- 다양한 색을 활용해 필기하고 도표도 적극적으로 활용하자.
- 시각 자료와 마인드맵을 만들어 서로 다른 정보들이 어떻게 연결되는지 알아보자.
- 가장 좋은 공부 장소는 산만하고 어수선하지 않고 깔끔하고 정돈된 장소다. 그래야 다양한 색상의 공책들에 더욱 집중할 수 있다.

B가 가장 많은 사람은:
청각 학습자

청각 학습자에게는 듣는 방식이 가장 효과적이다.
- 필기한 내용을 직접 읽고 그 내용을 녹음해 다시 듣자.
- 기억법(기억해야 할 낱말이나 숫자 등을 자신만의 경험이나 방식을 통해 암기하는 방법—옮긴이), 운율, 노래 등의 방법을 활용 하자.
- 공부한 내용을 함께 이야기할 사람을 찾아보자.
- 가장 이상적인 공부 장소는 소음이 없는 조용한 공간이다. 잔잔한 음악을 듣거나 자연의 소리를 들으며 바깥의 소음을 차단하고 공부에 집중하자.

C가 가장 많은 사람은:
운동 감각(촉각) 학습자

운동 감각 학습자는 직접 체험하는 방식이 가장 잘 맞는다.
- 암기용 카드를 만들어 밖에 있을 때도 잠깐씩 훑어보자.
- 30쪽에 있는 피젯 토이를 만들어 손을 부지런히 움직여 보자.
- 가능하면 직접 실험해보자. 친구와 같이 실험하거나 직접 체험하며 공부 내용을 익혀 보자.
- 가장 이상적인 공부 장소는 다른 사람의 방해를 받지 않고 걷거나 움직이거나 서성일 수 있는 공간이다. 여러분과 같은 방식으로 공부하는 친구가 있다면 더욱 좋다.

피젯 토이

공부에 집중이 잘 안 되거나 초조한 기분이 든다면 피젯 토이를 사용해보자. 피젯 토이는 크기와 모양이 무척 다양하며 주로 마음을 차분히 가라앉혀 집중력을 찾는 데 도움을 준다.

피젯 스피너나 인피니티 큐브처럼 아주 인기가 많은 피젯 토이도 있다. 피젯 토이 대신 구슬 팔찌나 머리끈을 활용하는 사람도 있다. 여러분은 어떤 피젯 토이를 사용해 보았는가? 피젯 토이가 도움이 되었는가? 집중력에 도움이 되는 피젯 토이를 사용해보고 싶다면, 다음과 같은 방법을 따라 직접 만들어서 사용해도 좋다.

쥐어짜며 스트레스를 날리는 공

1. 좋아하는 색의 풍선을 준비하자. 풍선은 아직 불기 전 상태여야 하고 튼튼한 재질이어야 한다.
2. 깔때기를 이용해 풍선 안에 밀가루를 넣자. 적당한 크기가 될 때까지 넣으면 된다.
3. 풍선 끝에 단단히 매듭을 짓자.
4. 이제 풍선을 꽉 쥐어 보자. 스트레스가 멀리 사라질 것이다.

울퉁불퉁 공

1. 멋진 색의 튼튼한 풍선을 준비하자.
2. 풍선 안에 말린 콩이나 병아리콩, 작은 구슬 등을 넣어 보자.
3. 이제 절대 풀리지 않게끔 단단히 매듭을 짓자.
4. 마지막으로 새로운 스트레스 해소 공으로 스트레스를 멀리 날려 버리자.

피젯 퍼티

슬라임도 좋지만 피젯 퍼티가 좀 더 깔끔하다. 꾹꾹 쥐어 다양한 모양을 만들며 스트레스를 풀어 보자.

퍼티 재료:

❀ 밀가루 1컵　❀ 소금 1/4컵
❀ 물 1/2컵　❀ 식용색소

만드는 법:

1 큰 그릇에 밀가루와 소금을 섞는다.

2 다른 그릇에 물을 붓고 식용 색소를 몇 방울 넣는다.

3 색소가 들어간 물을 밀가루와 소금 그릇에 천천히 부으며 섞어 준다.

4 매끄럽고 부드러운 퍼티가 될 때까지 계속 반죽한다.

5 퍼티를 밀폐용기나 보관함에 넣는다. 잘 보관하면 2주 정도 사용할 수 있다.

공부 계획

공부가 세상에서 가장 신나는 일은 아니지만, 시험을 잘 보려면 공부가 중요하다.

공부가 중요하다는 건 잘 알지만, 막상 시작하려니 잘되지 않았던 경험들이 누구나 있을 것이다. 다음은 공부 시간을 짧고 관리하기 쉽게 계획하는 방법이다.

계획은 내 친구

다음은 한 달 동안 세 가지 학습 주제를 공부할 수 있는 단순한 계획표다. 종이에 표를 그대로 그려 자신만의 공부 계획을 세워 보자. 색상을 추가하면 눈에도 잘 띄고 구분도 쉽다. 쉬는 시간도 꼭 넣어야 한다. 목표를 달성했을 때는 자신에게 휴식 시간이나 휴일, 다양한 보상 등을 계획하는 것도 잊지 말자.

	월요일	화요일	수요일	목요일	금요일	토요일	일요일
첫 번째 주	주제1 30분	주제2 30분	주제3 1시간	TV 보기	주제1 30분	친구 만나기	모든 주제 1시간
두 번째 주	주제1 30분	주제2 30분	주제3 1시간	쉬는 날	주제2 30분	영화보기	모든 주제 1시간
세 번째 주	주제1 30분	주제2 30분	주제3 1시간	친구 만나기	주제3 30분	파티!	모든 주제 1시간
네 번째 주	주제1 30분	주제2 30분	주제3 1시간	쉬는 날	중요한 시험!	휴식	친구 만나기

일찍 시작하자

최대한 일찍 공부를 시작하면 막판에 급하게 서두르지 않아도 된다. 20~30분 정도 짧게 공부해도 공부한 것을 기억하는 데 매우 효과적이다.

마인드맵 만들기

마인드맵은 중요한 정보를 강조하고 주제의 전체적인 구조를 정리하는 데 도움이 된다. 창의력을 발휘할 때, 여러 아이디어를 연결해 새로운 아이디어를 만들 수 있어 특히 효과적이다. 아래 예는 역사 시험에 대비한 마인드맵인데 기억이 잘 나도록 그림을 그려 넣었다.

첨단 기술 활용하기

온라인 플래시 카드(플래시 카드란 단어, 숫자, 그림 등을 간단히 기록해 기억에 도움을 주는 카드다-옮긴이)를 만들면 기억에 도움이 된다. 단어나 그림을 카드에 적어 보자. 이때 카드 한 장에 반드시 한 가지 질문만 적도록 한다. 그래야 두뇌가 한 번에 한 가지에만 집중할 수 있다. 카드를 보고 큰소리로 대답하자. 좀 이상하게 보일지 몰라도, 소리 내서 대답하는 방식은 기억에 매우 도움이 된다.

자신만의 공부 방법을 찾자. 모두에게 다 잘 맞는 방법은 없다. 그러니 자신에게 가장 잘 맞는 공부 방식을 찾아보자.

미루지 않는 습관

세상에 공부를 못 할 이유는 너무도 많다. 반려동물 먹이도 줘야 하고, 친구랑 수다도 떨어야 하고, 형제자매랑 싸우기도 해야 하고……. 모두 시간이 드는 일이다.

간혹 압박감이 느껴져야 공부가 잘돼서, 막판에 하는 벼락치기 공부가 가장 좋은 방법이라고 생각하는 사람도 있다. 하지만, 솔직히 말해서 벼락치기는 꾸물대기 위한 핑계일 뿐이다.

꾸물대는 버릇

해야 할 일을 하지 않고 꾸물대는 것을 '미루기'라고 한다. 누구나 가끔 일을 미룰 때가 있다. 하지만 미루기를 멈추고, 할 일을 정작 해야 할 때가 언제인지 정확히 아는 것이 정말 중요하다.

최후의 승자는  느리고 꾸준한 사람이다

아래 미루기 경주를 해 보자. 게임을 하며 집중력을 유지할 수 있는지 살펴보자. 어느 코너를 돌 때 미루기 장벽에 '충돌' 하기 쉬운지, 어느 지점에서 목표를 앞당겨 더 빨리 나아갈 수 있는지 살펴보자.

출발선
공부하기 가장 좋은 장소를 찾아 그곳을 나만의 공간으로 만들자. 책상도 좋고 편안한 의자가 있는 곳도 좋다. 어디든 공부하기 좋은 공간을 찾자!

코너1
공부해야 할 양이 너무 많다면, 여러 단계로 범위를 나누고 일단 첫 번째 단계에만 집중하자. 1단계가 끝나면 2단계에 집중하자. 한 번에 한 단계씩만 하자.

코너5
정한 분량의 공부를 모두 마쳤으면 다음에 할 공부 범위도 미리 정하자. 공부할 내용을 목록으로 만들어 하나씩 지워 가며 목표를 달성하는 것도 좋은 방법이다.

결승선
결승선에 도착한 것을 축하한다! 여러분은 집중력을 잘 지키며 무사히 공부를 마쳤다!

코너4
공부하는 동안은 휴대폰을 끄고 문자 메시지도 일절 보지 말자. 공부를 마칠 때까지 문자메시지는 지워지지 않고 그대로 남아 있을 것이다. 그러니 문자에 집중력을 잃지 말고 맑은 정신으로 공부에만 집중하자.

코너2
목표를 정하자. 공부를 마치면 무엇을 배우고 싶은가? 쉬는 시간이나 공부를 마칠 시간을 정하기 전에 얼마나 공부할지 범위를 미리 정해 두자.

코너3
음악 들으며 공부하는 것을 좋아하는가? 기분전환이 될 만한 음악 재생 목록을 미리 만들어 두자.

건강 관리

공부를 열심히 하려면 뭐니 뭐니 해도 건강이 가장 중요하다.

이런저런 활동도 하고, 공부도 하다 보면 몸과 마음이 바빠지고 스트레스도 쌓인다. 그러다 보면 운동과 건강에 소홀해지기 쉽다. 아래의 건강 빙고를 하면서 건강도 되찾고 에너지도 충전하자. 매주 빙고를 다 완성하면 보너스도 얻을 수 있다.

건강 빙고

아래 활동을 마칠 때마다 줄을 그어 빙고를 완성하자.

자연을 즐기며 산책하기	매일 8~10시간씩 자기	매일 혼자 조용한 시간을 조금씩 가지기	책 읽기 (교과서가 아닌 책)	매일 물 2리터씩 마시기
매일 과일과 채소 다섯 가지 먹기	하루에 최소한 30분 이상 운동하기	적어도 하루 저녁 정도는 SNS하지 않기	뭔가 새로운 것 해보기	매일 아침 감사한 일 세 가지씩 적어 보기
기분이 좋아지는 영화 보기	댄스 파티 하기 (손님을 초대할지 말지는 선택)	자유시간 (마음대로 이 시간을 채워볼 것!)	시간을 내 가족과 대화하기	다른 사람을 위한 선행 하기
가족이나 반려동물, 인형 등을 꼭 안아 주기	매일 아침 건강한 아침 식사하기	하루 10분씩 스트레칭하기	뭔가 창의적인 일 시도하기	침실 한구석을 새롭게 꾸며 보기
잠시 햇볕 쬐며 앉아 있기 (자외선 차단제는 필수!)	가족이나 친구와 보드게임 하기	맛있는 거 먹기	경쾌하고 기분 좋아지는 음악 목록 만들기	이번 달에 하고 싶은 일 목록 만들기

정신 건강과 마음속 원시인

시험을 잘 치르려면 우선 정신 건강에 관해 잘 알아야 한다.

시험이 무서운가? 사실 시험은 무서운 것이 아니다. 원하는 성적을 얻지 못했다 해도 다음에 잘 하면 된다.

시험이 무섭게 느껴지는 이유는 우리의 뇌 어딘가에 고대 선조들의 습관이 남아 있기 때문이다. 우리 선조들이 살던 집은 아늑하고 안전한 곳이 아니었다. 선조들은 온통 사나운 동물과 무서운 위협이 도사리는 거친 환경에 살았다. 잡아 먹히지 않으려면 뇌 한쪽에서는 늘 위험을 경계해야 했다. 우리는 옛 선조들과 같은 뇌를 가졌지만, 우리가 사는 세상은 우리를 잡아먹을 동물이나 위험한 위협이 잔뜩 도사리는 곳이 아니다. 매머드나 검치호랑이가 위협하면 뇌는 우리를 보호하기 위해 과잉 반응을 하기 시작한다. 시험은 무서운 이빨이나 발톱도 없고 사납게 으르렁거리지도 않지만, 시험을 잘 치르지 못할까 봐 혹은 원하는 성적을 받지 못할까 봐 걱정하면 우리 몸은 이 걱정을 위협으로 받아들인다. 그러면 마음속 원시인이 창을 들고 싸울지 아니면 도망칠지 생각한다. 이러한 반응을 어려운 말로 '투쟁 혹은 도피' 반응이라고 하는데, 이 반응은 오랜 세월 인류가 위협에 대처했던 방법이다. 이 '투쟁 혹은 도피' 반응을 가라앉히려면 몇 가지를 기억하자. 시험이 나를 잡아먹는가? 아니다. 시험을 잘 치르지 못하면 하루나 이틀 정도는 기분이 좋지 않지만 늘 더 나아질 기회가 있다. 완벽할 필요는 없다. 완벽하지 않아도 우리는 여전히 인간이다!

배터리가 방전되면 휴대폰이 작동하지 않는다. 사람도 마찬가지다!

중요한 날 대비하기

살다 보면 여러 가지 중요한 날을 맞닥뜨리게 된다. 축구 결승전 하는 날, 사람들 앞에서 내 춤 실력을 자랑하는 날, 학교 시험 등. 어떤 날이든 어떻게 준비할 수 있는가를 알아 두면 훨씬 든든하다.

중요한 날을 앞두고

중요한 날을 앞두면 조금 불안해질 수도 있다. 초조한 마음이 들면 자기 자신에게 긍정적인 이야기를 들려주자. '나는 열심히 연습했고, 잘 준비했다. 대사도 다 외우고 공부도 다 마쳤다.'

이제, 중요한 일에 성공했을 때 기분을 상상해 보자. 먼저 눈을 감고 중요한 일을 시작할 때 모습을 그려 보라. 여러분은 서 있는가 앉아 있는가? 무슨 말을 할 것인가? 가장 먼저 무엇을 할 것인가? 되도록 그 중요한 순간을 즐겨보자. 그 순간은 다른 사람들에게 내가 무엇을 할 수 있는지를 보여 주는 시간이다. 두려워할 시간이 아니라 축하할 시간이다.

하루 전날 밤

잠자리에 들기 전 준비물을 가방에 잘 챙겨 두자. 그래야 아침에 허둥대지 않는다. 중요한 날 전날 밤은 푹 자야 한다. 잘 자려면 자기 전에 설탕을 많이 먹지 않아야 한다. 또한, 수면 패턴을 방해하는 TV나 스마트폰, 컴퓨터 등은 일찌감치 끄자. 되도록 일찍 잠자리에 들고 내일 중요한 일을 멋지게 잘 해내는 자신의 모습을 그려 보자. 잠이 잘 오지 않는다면 차분하게 머릿속으로 내일 해야 할 일들을 순서대로 정리해 보자. 지나치게 불안하고 초조해진다면 잠시 책을 몇 장 읽거나 음악을 들어 보자.

중요한 날 아침

아침은 먹었는가? 아침 식사를 꼭 하자. 설령 평소에 아침을 잘 먹지 않는 사람이라도 중요한 날 아침에는 꼭 밥을 챙겨 먹어야 한다. 큰일을 치르려면 에너지가 많이 필요하기 때문이다. 다시 한번 강조하지만, 설탕은 피하는 게 좋다. 설탕은 짧은 시간에 에너지를 많이 주지만 효과가 짧아서 이내 졸리고 피곤해진다. 되도록 달걀 같은 단백질이나 오랜 시간 에너지를 줄 수 있는 곡물류를 먹도록 하자. 나중에 먹을 간식도 챙기자. 중요한 행사 전에 기운을 북돋거나 행사가 끝난 후 즐거운 자리를 가질 때 간식이 필요할지도 모른다.

끝까지 잘 마치기

하루를 일찍 시작하자. 일찌감치 출발하면 중요한 행사에 늦을까 봐 초조해하지 않아도 된다. 가족이나 친구에게 함께 가 달라고 부탁하는 것도 좋은 방법이다. 마음도 편해지고 불안한 마음도 덜 수 있다.
시험을 준비 중이라면 가는 길에 친구나 가족에게 퀴즈를 내 달라고 하자. 공부한 내용을 정리하는 데 도움이 된다. 혼자 가야 한다면 마음을 차분하게 해 줄 책을 읽거나 음악을 듣자.

자, 하나, 둘, 셋,
숨을 깊이 쉬고……
성공!

돈, 돈, 돈!

옛날 그러니까 여러분이 아주 어렸을 적에 돈은 상점에서 사람들에게 건네는 물건이었을 것이다. 짤랑짤랑 소리도 내고, 접히기도 하고, 때론 반짝이기도 하는 물건이었다.

요즘은 실제 돈을 볼 일이 많지 않다. 플라스틱 카드나 컴퓨터 화면 속 번호가 돈의 역할을 하기 때문이다. 그렇다고 해서 카드나 번호가 진짜 돈이 아니라는 의미는 아니다. 사실 이것들은 진짜 돈이고 매우 중요하다.

우리는 주로 돈에 관한 이런저런 개념을 어른들에게 처음 듣는다. 혹시 식탁에서 어른들이 청구서 요금이 얼마나 많이 나왔는지, 물가가 얼마나 올랐는지 이야기하는 것을 들어 본 적 있는가? 아마 그런 이야기를 들을 때면 나와는 상관없는 이야기라며 조금 지루해했을지도 모른다. 지금은 그럴 수 있다. 하지만 머지않아, 아마 여러분이 생각하는 것보다 훨씬 빨리 돈에 대해 알아야 할 때가 올 것이다. 그리고 어릴 때부터 돈을 관리하는 법을 알아 두는 것이 큰 도움이 된다.

이거 다 가져도 돼요? 제발요.

저축해서 돈을 관리하는 것보다 고래를 구하며 환경을 관리하는 일에 훨씬 더 관심이 많은 사람도 있겠지만, 대부분은 더 많은 돈을 갖고 싶어 한다. 누구나 그렇다. 부모님, 간호사, 선생님, 심지어 아주 돈이 많은 사업가나 유명한 아이돌도 돈을 더 많이 벌고 싶어 한다. 아무리 부자라도 사고 싶은 것을 다 살 정도로 돈이 충분하지 않다고들 생각한다. 사람들은 비싼 물건을 사고 싶을 때 마음속으로 이런 대화를 나눈다.

우선순위 정하기

우선순위를 정한다는 말은 아주 멋진 의미다. 가장 원하는 것 혹은 가장 필요한 것을 얻기 위해 돈을 어디에 어떻게 사용할지 관리한다는 뜻이기 때문이다. 그러나 이 말은 뭔가를 포기해야 한다는 말이기도 하다. 나에게 가장 중요한 것이 무엇인지 알려면 자신에게 여러 가지 질문을 해 보아야 한다.

어른들과 돈

어른들에게 뭔가를 사 달라고 했다가 안 된다는 대답을 들은 적 있을 것이다. "안 돼, 디즈니랜드는 못 가." 혹은 "안 돼, 새 태블릿 PC 못 사 줘." 등등. 어른들이 이런 말을 할 때는 정말로 우리가 원하는 것을 들어주기 싫어서가 아니라 음식이나 세탁기 등 다른 곳에 돈을 써야 하기 때문일 수도 있다. 우리가 일일이 다 알지는 못하지만, 일상생활에서 돈이 들어가는 곳은 셀 수 없을 정도로 많다.

은행 용어

처음 은행 계좌를 만들 때 처음 듣는 은행 용어에 어리둥절할 수도 있다. 여기서 소개하는 몇 가지 팁을 익혀서 돈에 대해 똑똑해지자!

은행 거래 내역서란 뭘까?

은행 계좌가 있으면 돈이 들어오고 나간 내용을 확인할 수 있는데 이것을 은행 거래 내역서라고 한다. 보통 한 달에 한 번 거래 내역서가 발행되는데 이 내역서를 통해 지출과 수입을 확인할 수 있다. 계좌에 남은 돈을 '잔액'이라고 한다.(물론, 통장 정리로도 확인할 수도 있다-옮긴이)

전문 회계 서류나 외국에서 사용되는 거래 내역서에는 '대변^{credit}'과 '차변^{debit}'이라는 말이 있다. 쉽게 말하자면 credit은 입금 내역을, debit는 출금 내역을 의미한다. (우리나라에서는 주로 입금/출금 용어를 사용한다-옮긴이) 통장은 여러 가지가 있는데 그중 가장 대표적인 통장에는 입출금을 자유롭게 할 수 있는 '입출금 자유 통장'과 저축을 목적으로 돈을 일정 기간 넣어 두는 '저축 통장(적금통장)'이 있다.

당좌대월이란 무엇일까? 과연 좋은 걸까?

내 통장에 있는 돈은 내가 벌었거나 받은 돈이므로 모두 나의 것이다. 돈을 쓸 때는 통장에 든 잔고 한도 내에서만 써야 한다. 그런데 뜻하지 않은 일이 벌어지거나 긴급 상황이 발생해서 통장 잔고보다 더 많은 돈을 써야 할 때가 있다. 이때 잔고보다 더 많은 돈을 꺼내는 것을 어려운 말로 '당좌대월'이라고 한다.(수표를 많이 사용하는 영미권에서는 흔한 제도이지만 우리나라에서는 흔하지 않은 제도다-옮긴이) 가능하면 이 제도는 이용하지 않는 것이 좋다. 이렇게 은행에 빚을 지게 되면 이자를 지불해야 하기 때문이다.

직불카드와 신용카드는 어떻게 다를까?

직불카드란 내 통장에서 돈을 바로 사용할 수 있는 카드다.(흔히 체크카드라고도 한다-옮긴이) 현금과 비슷하고, 카드로 사용하는 돈은 모두 현재 잔고에 있는 내 돈에서 나간다. 통장에 남은 잔액보다 더 많이 사용할 수 없다. 신용카드는 은행과 약속을 하고 돈을 은행에서 빌리는 것이다. 하지만 이 돈은 내 돈이 아니며 훗날 갚아야 한다. 은행에서 돈을 빌린 대가로 이자가 붙으며 갚아야 할 돈과 이자를 함께 돌려주어야 한다. 18세 미만이거나, 정기적인 소득이나 직장이 없으면 은행에서 신용카드를 만들어 주지 않는다.

자유 입출금 통장과 저축 통장의 차이는 무엇일까?

자유 입출금 통장은 일상적으로 돈을 넣었다 뺐다 하면서 필요할 때마다 자유롭게 돈을 입출금하는 통장이다. 계좌에 돈이 있으면 자동 인출기^{ATM}에서 카드를 이용해 자유롭게 돈을 꺼낼 수 있다. 그런데 돈을 쓰지 않고 저축할 목적이라면 저축 통장에 돈을 넣어 둘 수 있다. 자유 입출금 통장에 비해 적용되는 규칙이나 조건이 많지만, 이자를 더 많이 받을 수 있다. 휴대폰 구입처럼 목돈을 쓰기 위해 돈을 저축하고 싶다면 저축 통장에 돈을 모으면 된다. 정해진 날짜보다 이전에 돈을 꺼내고 싶다면 은행에 이 사실을 알리고 찾을 수 있지만 약속했던 이자율이 적용되지 않고 적게 받게 된다. 이런 규칙을 지키는 대가로 은행에서는 자유 입출금통장보다 저축 통장에 이자를 더 준다.

은행 거래는 복잡하고 어려울 수 있다.
뭔가 확실하지 않은 점이 있다면
반드시 믿을 수 있는 어른에게 도움을 요청하도록 하자.

이자란 무엇일까?

저축 통장에 돈을 넣어 두면 은행에서는 매달 혹은 매년 보관해 놓은 댓가로 약간의 돈을 더 준다. 이것을 '이자'라고 한다. 통장에 들어있는 금액에 아주 적은 비율로 이자를 더해 준다. 예를 들어 여러분이 이자율 2%인 저축 통장에 1년 동안 100만 원을 넣어 둔다면, 일 년 뒤 102만 원을 받게 된다. 공짜 돈인 셈이다! 계좌를 개설하기 전에 은행에 이자가 어떻게 되는지 확인해 봐야 한다.

대출이란 무엇인가?

대출이란 은행에서 정해진 기간에(예를 들면 10년 동안) 큰돈을 빌려 주기로 한 제도다. 이 기간에 빌린 돈을 나눠서 갚게 되는데 원래 빌린 돈의 액수에 빌려주는 대신에 이자가 더해지기 때문에 갚을 돈이 더 많아지게 된다. 대출은 어른만 이용할 수 있다. 은행에 빌린 돈을 갚을 능력이 된다는 확신을 주어야 하기 때문에 직업도 있어야 하고 신용도 좋아야 한다.

저축

사고 싶은 것이 있는데 살 돈이 없다면, 저축을 해 보자. 그런데 저축은 어떻게 해야 하는 걸까? 몇 가지 아이디어를 참고해 보자.

돼지 저금통

용돈을 지폐나 동전으로 받는다면 한꺼번에 다 쓰지 않는다. 저축할 금액을 정하고 매주 그 돈을 안전한 곳에 보관하면 좋다. 오래된 돼지 저금통이면 아주 좋다. 매주 5,000원씩 저축하면 한 달이면 20,000원 내지는 25,000원을 모으게 된다. 이렇게 계속 모으다 보면 깜짝 놀랄 정도로 돈이 불어나 있을 것이다.

선불카드

선불카드는 은행 체크카드와 비슷하지만, 계좌에서 카드에 돈을 충전해서 사용하는 방식이다. 자녀가 실수로 돈을 많이 지출하지 않도록 어른이 선불카드의 금액을 미리 설정해 두기도 한다. 선불카드가 있다면 사용할 금액을 미리 정해두고 일부 금액은 저축 계좌에 저축되도록 설정할 수도 있다. 이렇게 하면 돈을 계획성 있게 사용할 수 있다.

은행 계좌

은행 계좌와 카드가 있으면 매주 예산을 짤 수 있다. 예산이란 일정 기간에 사용할 수 있는 돈을 말한다. 매주 금액을 정해 계좌에 넣다 보면 어느새 돈이 불어나 있을 것이다. 이렇게 계속하다 보면 원하는 것을 살만한 돈이 모이게 된다. 이자를 주는 계좌라면 특히 돈이 더 잘 불어난다.(42-43쪽 참조)

돈이 다 어디 갔지?

생일이나 특별한 날 용돈을 받았다. 이 돈을 어디에 쓸지 궁리하며 사고 싶은 것들을 생각하느라 잔뜩 설레는데 갑자기 지갑이 텅! 비어버렸다. 용돈이 다 어디로 갔는지 모르겠다.

혹시 이런 비슷한 경험이 있다면 이제 내가 돈을 어디에 쓰는지 꼼꼼히 살펴봐야 할 때다. 지난 몇 주 동안의 지출을 모두 적어 보자. 구입한 모든 물건이 정말 원했거나 정말 필요한 것이었나? 그렇지 않다면 당장 물건 사는 걸 멈춰야 한다. 정말 원하는 것을 사려면 돈을 아껴야 한다. 아래 표를 이용해 일주일 동안 지출 내용을 적어 보자.

	음식	재미	학용품이나 물건
월요일			
화요일			
수요일			
목요일			
금요일			
토요일			
일요일			

위에 적은 것들보다 정말로 더 가지고 싶은 것이 있다면 적어 보자.
그것을 사려면 얼마를 저축해야 하는가? 계획을 세워 보자.

돈 쓰기 전에 점검할 일!

지금까지 우리는 저축, 우선순위 정하기, 예산 정하기 등을 배웠다. 그렇다면 이제 돈을 쓸 준비가 된 것 아닌가?

그렇지 않다. 한 가지 중요한 것이 더 있다. 바로 '가치'다. 사람마다 가치 있게 생각하는 것이 다를 수는 있지만, 다음 몇 가지 내용을 살펴보며 가치에 관해 생각해 보자.

브랜드 충성도

어떤 사람은 브랜드에 대한 충성도가 매우 높다. 어떤 물건을 살 때 항상 같은 브랜드의 제품을 사는 사람이 있다는 의미다. 휴대폰이나 운동화를 구입할 때 특정 브랜드만 고집하는 사람이 있다.

그런데 연구에 의하면 사람들은 브랜드가 없거나 다른 브랜드의 제품을 구입해도 똑같이 행복감을 느낄 수 있다고 한다. 또한, 중소기업 브랜드나 유명하지 않은 브랜드는 가격이 저렴한 경우가 많다.

그러니 새 티셔츠나 청바지를 사려고 계획 중이라면 늘 고집하던 특정 브랜드 말고, 유명하지 않은 저렴한 제품을 구매해 보도록 하자. 브랜드 이름 때문에 내가 가진 돈을 전부 써야 할까? 아니면 절반의 돈만 쓰고도 똑같이 행복감을 느낄 것인가?

중고 물건이라고 해서 가치까지 중고는 아니다

온라인이든 매장이든 옷이나 신발, 기타 물건을 중고로 살 수 있는 곳이 많다. 중고 상점을 둘러보며 원하는 물건을 저렴하게 살 수 있다면 정말 좋지 않을까?
또한, 중고로 물건을 사고 나만의 개성을 독창적으로 드러낼 수도 있고 친구들 사이에서 멋지게 돋보일 수도 있다.

할인매장

정말 좋아하는 브랜드가 있다면 할인 매장을 둘러보는 것도 좋은 방법이다. 꼼꼼히 살펴보면 가끔 정말 좋은 물건을 저렴하게 살 수도 있다.

필요한 것과 원하는 것

사람마다 필요한 것이 다르다. 운동을 정말 좋아한다면 가장 싼 운동화나 운동복을 사기보다는 품질 좋은 제품에 투자해야 한다. 가격과 상관없이 자신에게 잘 맞는 제품이 있다면 그 제품을 사는 것도 좋다. 하지만, 한 달 후에도 여전히 그 물건을 잘 사용할지 아닌지 확신이 서지 않는다면 이 돈을 써야 할 필요가 있는지 아니면 더 나은 방법이 있는지 잘 생각해야 한다.

새 태블릿 PC나 스마트폰도 마찬가지다. 새로운 제품이 정말 지금 쓰고 있는 것보다 훨씬 더 좋은 기능을 제공하는가? 어쩌면 원하는 것을 얻을 수 있는 더 좋은 방법이 있을지도 모른다.

뭔가를 사기 전에 자신에게 물어보자

이 물건이 나에게 정말 필요한가?

광고는 좋은 것일까 나쁜 것일까?

우리는 매일 거의 수백 개의 광고를 본다. TV, 유튜브, 각종 소셜미디어의 인플루언서 등을 통해 수많은 광고를 보며 산다. 어떤 광고는 우리에게 도움이 되는 제품이나 서비스를 알려 주어서 유용하기도 하지만 사실 광고의 목적은 단 하나다. 여러분이 돈을 쓰게 하는 것이 광고의 목적이다. 따라서 광고가 사람을 어떻게 설득하는지를 잘 모르면 자칫 필요 없거나 원하지 않는 물건을 사게 될 수도 있다. 광고는 사람들이 물건을 사도록 유도하기 위해 특별한 요령을 발휘하기 때문에 우리도 광고 면역력을 길러야 한다.

뭐가 고민이야?

어떨 때 보면 광고가 우리의 비밀스러운 고민을 훤히 다 아는 듯 보인다. 요즘 내 피부가 괜찮나? 나한테 땀 냄새가 나지 않을까? 요즘 내 헤어 스타일 이상하지 않나? 사람들이 외모 걱정을 많이 한다는 사실을 광고는 잘 알고 있다. 그래서 이런 걱정거리를 담은 광고 문구를 사용하곤 한다. 실제로는 전혀 걱정할 필요가 없는 내용을 광고 문구에 넣기도 한다. 다음 광고 문구를 살펴보자.

광고에서 가장 큰 부분을 차지하는 요소는 '사회적 불안'을 이용하는 것이다. 사회적 불안은 자신이 뭔가에 뒤처지고 있다고 느낄 때 생긴다. 그래서 광고는 나만 빼고 다른 모든 사람이 새로운 제품을 사용하고 있다는 생각이 들게끔 한다.

'……를 알고 계셨습니까?'

'……의 비결을 알고 싶으신가요?'

'모두가 새로운 ……를 이야기하고 있습니다.'

광고 면역력을 기르는 좋은 방법은 광고 문구에 숨겨진 의도를 정확히 파악하는 것이다. 광고에서 불안감을 느끼게 하는 문구를 사용하는가? 그렇다면 왜 그럴까? 정말 광고에서 말한 대로 해야 할까? 아마 아닐 것이다. 그렇다면 광고에 놀아나지 말고 가볍게 무시하자. 이렇게 한번 해 보자. 광고를 볼 때마다 소개하는 제품을 소뿔이나, 꼬불거리는 꼬리, 은색 가발처럼 우스꽝스럽고 이상한 제품으로 바꿔서 생각해 보자.

'혹시…… 때문에 걱정이신가요?'

'아직도 오래된 ……를 사용하고 있나요?'

'…… 가 고민인가요?'

"반짝 세일!"

"지금 구매하세요!"

"마지막 기회!"

용돈 벌기

용돈을 버는 쉽고도 좋은 방법은 친구나 가족에게 일거리를 얻는 것이다. 다음은 약간의 수고를 해서 돈을 벌 수 있는 몇 가지 방법이다.

청소

바쁜 가족이나 거동이 불편한 사람은 청소를 도와줄 사람이 필요할 수도 있다. 청소 아르바이트는 자신에게 맞는 시간대를 활용할 수 있다. 하지만 명심할 점이 있다. 청소를 하려면 제대로 잘해야 한다. 지저분하다는 이유로 배수구를 건너뛰면 안 된다.

세차

처음에는 가족 차부터 시작해서 세차 실력이 완벽해지면 친구네 집 차 세차까지 범위를 넓힐 수 있다. 양동이와 물, 스펀지나 수건만 있으면 된다. 단, 흠뻑 젖을 각오는 하자!

강아지 산책시키기

동물을 좋아하는가? 강아지 산책은 동물들과 즐거운 시간도 보내고 돈도 벌 수 있다. 하지만 명심해야 할 점이 있다. 강아지를 돌보는 일에는 책임감이 따른다. 배변 봉투나 필요한 것들을 빠짐없이 꼼꼼히 잘 준비하자.

농사일 돕기

야외 활동을 좋아하는 사람에게는 이 일이 아주 적합하다. 신선한 바깥 공기도 쐬고 땀도 흠뻑 흘려 보자.

아기 돌보기

여러분보다 어린 친척이 있다면 이 일은 식은 죽 먹기다. 하지만, 사촌이나 동생들이 여러분을 돌보아 주는 사람이 아닌 놀이 친구로 생각해서 재우려 해도 쉽게 잠들지 않을 수도 있다.

물건 팔기

사용하지 않는 물건을 파는 것도 돈을 버는 좋은 방법이다. 필요 없어진 책이나 게임, 옷 등을 팔아보자. 중고 물품을 판매할 수 있는 웹사이트나 앱도 많이 있다. 다만, 물건을 팔 때 누군가 여러분의 개인 정보에 접근할 수 있으므로 각별히 주의하자.

안전과 도움

어떤 일을 할 때는 그 일이 안전한지, 내가 그 일을 잘 감당할 수 있는지 꼭 확인해야 한다. 어떤 일이건 필요한 정보와 장비 그리고 그 일에 필요한 지원을 받아야 한다. 친구네 집 어린 동생을 돌봐주기로 했다면 긴급한 일이 생겼을 때 연락할 비상 연락망을 알아 두고, 응급처치함은 어디 있는지, 어린이를 돌보는데 필요한 기본적인 사항은 무엇인지 꼼꼼히 파악해두어야 한다. 청소 일을 하기로 했다면 어디를 청소할지, 어떤 도구나 세제를 사용해 청소해야 하는지 반드시 알아 두어야 한다. 일을 주는 사람에게서 해야 할 일에 관한 정보를 제대로 듣지 못한다면 그 일을 하기 어렵다는 점 명심하자.

이 외에도 용돈을 벌 방법은 없을까? 아래에 적어 보자.

취미로 돈 벌기

혹시 누군가에게서 '야심 찬 기업인' 자질이 있다거나 "능력 많은 거물"이 될 인물이라는 말 들어본 적이 있는가?

여러분이 제2의 피카소라면 돈 걱정은 하지 않아도 된다. 하지만 피카소가 아니더라도 좋아하는 취미나 만들기 놀이로 돈을 벌 수 있다. 특히 만들기는 돈도 벌 수 있고 정신 건강에도 도움이 된다. 손으로 뭔가를 만들다 보면 마음이 차분해지고 걱정거리도 잊게 된다. 혹시 뜨개질을 배워보고 싶었다면 지금 바로 시작해 보는 건 어떨까?

액세서리 만들기

구슬이나 장신구로 뭔가 만드는 것을 좋아한다면 온라인에 액세서리 상점을 차려 보는 건 어떨까? 유행의 흐름을 살펴보고 다양한 스타일도 시도하면서 나만의 개성이 한껏 살아 있는 작품을 만들어보자.
목걸이보다는 팔찌가 구슬과 장신구가 적게 들어가므로 일단 팔찌부터 시작해 보자. 괜찮다면 직접 만든 장신구를 학교에 착용하고 가 보자. 친구들이 어디에서 샀냐고 물어본다면 절반은 성공한 셈이다.

손가락 인형

뜨개질에 소질이 있다면 어린이용 장난감 선물을 만들어보는 건 어떨까? 손가락 인형은 빨리 만들 수 있고 판매하기도 좋다. 뜨개실로 짠 귀여운 고양이 인형을 누가 거부할 수 있을까?
코바늘이나 뜨개용 바늘을 잘 다룰 줄 안다면 주제를 정해 세트 인형을 만들어도 좋다. 농장 동물 세트나 정글 동물 세트 이런 식으로 말이다. 세트 인형들을 멋지게 전시하면 사람들이 선물용으로 사 갈지도 모른다.

크리스마스 용품

크리스마스는 이런저런 물건을 판매하기 좋은 시기다. 크리스마스를 주제로 한 용품들은 매우 인기가 좋다. 카드나 선물을 장식할 용품을 만들어 낱개 혹은 세트로 팔아 보자. 펠트를 이용해 크리스마스트리용 양말이나 장식 용품을 만들 수도 있다.
친구들과 함께 동내에 크리스마스용품을 전시하며 판매할 만한 곳이 있는지 알아보는 것도 좋다. 친구들과 함께하려면 미리 논의해야 할 내용이 있다. 품목이 겹치지 않도록 각자 다른 물건을 정해 만들고, 수입이 나면 어떻게 나눠 가질지도 미리 논의해야 한다.

양초 만들기

양초 만들기는 차분하게 시간을 보내기도 좋고 용돈도 벌 수 있는 취미다. 양초는 꽤 비싼데도 사람들이 자주 사는 물건이다. 몇 가지 재료와 약간의 방법만 알면 쉽고 간편하게 양초를 만들 수 있다.

가족이나 친구에게 빈 병이 있는지 물어봐서 빈 병부터 모으자. 그다음엔 양초 만들기에 필요한 재료를 모두 준비하고 다양한 색과 향으로 양초를 만들어 어느 것이 가장 좋은지 정해 보자. 몇 개는 주위 사람들에게 선물로 주어 사람들의 반응도 살펴보자. 사람들 반응이 좋으면 온라인이나 공예품을 판매하는 곳에서 양초 판매를 시작해 보자.

타고난 무대 체질이라면

연주를 좋아한다면 다른 사람들과 함께 지역 행사에서 공연을 해 보는 건 어떨까? 파티나 행사에서 연주할 수도 있다. 자신이 연주하는 장면을 녹화해 온라인에 올리는 것도 좋은 방법이다.

길거리 공연은 수많은 음악가가 진짜 음악인이 되기 위해 거쳐왔던 방법이다. 또한, 아이디어를 개발하고 새로운 시도를 해 볼 좋은 기회이기도 하다. 그러나 무턱대고 길거리에서 연주를 시작할 수는 없다. 지역 관련 기관에 문의해 어떻게 하면 되는지 물어보자. 때에 따라서는 허가를 받아야 할 수도 있다. 자세한 사항은 어른들에게 도움을 요청하자. 거리에서 공연을 하게 되면 공연하는 동안 여러분의 주변에 반드시 어른이 같이 있어야 한다.

음악 외에 다른 공연도 얼마든지 할 수 있다. 마술은 어떨까? 카드 마술이나 다양한 마술을 잘한다면 입장료를 받고 마술쇼를 열어도 좋다.

사진과 영화

풍경이나 사물을 보는 시각이 남다르다면 사진을 찍어 인화해 보자. 사람들은 자연 풍경 사진이나 재미난 구도의 사진을 좋아한다.

가족 모임이나 행사 때 영상을 찍어보는 건 어떨까? 영상은 훌륭한 기념품이 된다. 돈을 받고 영상 촬영을 하기 전에 집에서 먼저 다양한 방법으로 촬영하며 연습해 보자.

디자인

그래픽 디자이너나 웹 디자이너가 되고 싶은가? 색이나 배치에 남다른 눈썰미가 있는가? 실력을 발휘해 지역 상점에 필요한 디자인 포스터나 전단지를 만들어 보자. 아니면 가족이나 친구들의 웹사이트 만들기에 도전해 보자.

디자인 작업은 잘 저장해두자. 이 작업은 훗날 그래픽 디자이너가 되려고 할 때 혹은 디자인 학교에 입학할 때 경력 서류(포트폴리오-옮긴이)로 제출할 수도 있다.

고쳐서 다시 쓰기(리폼)

다음 중 여러분이 할 수 있는 것은?
- ☐ 단추 꿰매기
- ☐ 양말 깁기
- ☐ 구멍 난 옷 수선하기
- ☐ 밑단 수선하기

패스트 패션

혹시 뉴스에서 '패스트 패션 Fast fashion'이라는 말 들어본 적 있는가? 패스트 패션이란 무엇일까?
패스트 패션은 사람들이 저렴한 옷을 많이 사서 한두 번만 입고 버린 후 또 사는 것을 말한다. 패스트 패션은 다음과 같은 이유로 지구에 매우 해롭다.

❋ 옷을 만들려면 많은 에너지가 소비된다. 옷에 사용되는 원단은 재배하거나(면이나 울) 제조(나일론)해야 한다. 이 과정에서 많은 물 같은 자원은 물론 많은 에너지가 들어간다. 이 에너지나 자원은 옷이 아닌 다른 곳에서도 매우 필요한 것들이다.

❋ 옷을 수송하는 과정에서 기후에 나쁜 영향을 미친다. 새 옷은 커다란 화물 컨테이너와 트럭 등에 실어 세계 곳곳으로 운송되는데 이 과정에서 연료도 많이 들고 환경에 오염 물질도 많이 배출된다.

❋ 옷이 많다는 건 곧 쓰레기가 많다는 의미다. 입지 않고 버린 옷들은 결국 매립지로 보내진다. 버려지는 옷들은 엄청난 쓰레기를 만들 뿐 아니라 지구 환경도 오염시킨다.

❋ 이 모든 과정을 전체적으로 보자면, 에너지 낭비, 자원 낭비는 물론 운송에 들어가는 연료 낭비, 매립지로 보내지는 쓰레기 생성 등의 문제가 생긴다. 여러분이 '저렴한' 티셔츠를 사서 한 두 번 입고 버릴 때, 지구는 아주 값비싼 대가를 치러야 한다.

패스트 패션을 피하는 방법

1. 옷을 적게 사고 오래 입자.

2. 값을 조금 더 주더라도 정말 마음에 드는 옷을 사자. 그 옷을 이곳저곳에 다양하게 활용하며 입도록 하자.

3. 중고 옷을 사는 것도 좋은 방법이다. 가까운 중고 상점이나 빈티지 의류 파는 곳을 찾아 가 보자. 분명 좋은 옷을 찾을 수 있을 것이다.

4. 옷을 수선할 방법을 찾아보자. 직접 수선하는 법을 배워도 좋다. 아니면 원하는 스타일로 옷을 수선해 입는 것도 좋은 방법이다.

나만의 옷 만들기

똑같은 옷을 입기 지겹다면 새 옷을 사기보다는 나만의 스타일로 새로 만들어 보는 건 어떨까?

이렇게 해 보자:

옷감용 염료를 이용해 옷 색깔을 바꿔 보자.

단추를 달거나 글자 자수를 새겨 넣어 보자.

예쁜 헝겊 조각을 붙여 보자.

홀치기 염색

염색이 처음이라면 다음 홀치기 염색법을 참고하자.

준비물:
* 깨끗한 작업 공간
* 옷 전용 염색약
* 깨끗하게 세탁한 낡은 티셔츠
* 옷을 담글 양동이
* 고무줄
* 비닐봉지
* 장갑—손까지 파랗게 물들이고 싶지 않다면 필수!

1. 양동이에 물과 염료를 넣고 염료 설명서에 적힌 대로 잘 섞어 준다.

2. 염료 설명서를 잘 읽어 보고 마른 옷에 염색하는지 젖은 옷에 염색하는지 확인한다. 젖은 옷에 하는 염색이라면 옷을 물에 담근 뒤 최대한 물기를 꽉 짜낸다.

3. 인터넷에 찾아보면 재미있고 멋진 무늬를 만드는 법이 많이 나와 있다. 그중에서 기본적인 소용돌이무늬부터 시작해보자. 먼저 티셔츠를 평평하게 펼쳐준다. 가운데를 집어 올려 시계 방향으로 빙빙 돌린다. 티셔츠가 시나몬롤처럼 돌돌 말린 채 접혀야 한다.

4. 고무줄 3개를 그림과 같이 십자 모양으로 티셔츠에 감아준다. 고무줄을 더 단단히 감을수록 흰색 부분이 더 많아진다.

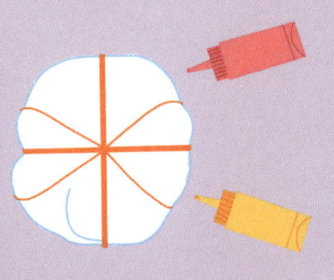

5. 고무줄로 묶은 티셔츠에 나뉜 구획별로 염료를 골고루 묻힌다.

6. 염료를 묻힌 티셔츠를 비닐봉지에 넣는다. 더 오래 둘수록 색이 진하게 나온다. 염료 설명서에서 권하는 염색 시간을 잘 확인하되, 원한다면 더 오래 두어도 상관없다.

7. 만족할만한 색이 나왔다면 비닐봉지에서 티셔츠를 꺼내 차가운 물로 맑은 물이 나올 때까지 헹군다. 다 헹구고 나면 고무줄을 풀고 티셔츠를 옷걸이에 걸어 잘 말린다. 염색물이 완전히 다 빠지지 않았을 수도 있기 때문에 처음 몇 번은 다른 옷과 함께 세탁하지 말고 염색한 옷만 따로 빨도록 한다..

내 인생이야!

친척과 가족들이 모이면 늘 이런 질문을 많이 들을 것이다. "커서 뭐가 되고 싶니?" 만약 여러분의 대답이 "음, 잘 모르겠어요."라면 축하한다! 여러분은 지극히 정상이다.

선택의 폭이 최대한 넓은 것도 좋지만, 여러분이 좋아하는 일과 잘하는 일이 무엇인지 알아 두면 좋다. 가족이나 친구에게 조언을 들을 수도 있지만 결국 결정은 자신이 내려야 한다.

다음 빈칸에 몇 가지 아이디어를 적어보고 다음 단계로 나아갈 방법을 찾아보자. 미래를 미리 계획할 필요는 없다. (계획했다면 정말 훌륭하다!) 그러니 아무 아이디어라도 걱정하지 말고 적어 보자. 이제 시작일 뿐이고 시작했다는 게 중요하다.

내가 될 수 있는 건…

선생님?

음악가?

무엇이 되고 싶은지 아직 확실하지 않다면 살짝 알아보는 것도 좋은 방법이다. 직접 경험해 보거나 자원 봉사를 통해 하고 싶은 일을 미리 체험할 수 있다. 작가가 되고 싶은가? 일단 짧은 글부터 완성해 보자. 패션에 관심이 있는가? 옷가게에서 주말 아르바이트를 해 보자. 아이들 돌보는 걸 좋아하는가? 가까운 스카우트 모임이나 어린이 캠프 모임에서 도와줄 것이 있는지 물어보자.

카메라맨?

방송 기자?

…무엇이든 될 수 있다.

안전지대를 벗어나 탐험해 보기

여러분의 미래다. 내 미래의 범위를 다른 사람이 결정짓게 하지 말자!

자신의 미래는 스스로 찾아야 한다. 누구에게나 편안한 안전지대가 있다. 하지만 안전지대에서 벗어나 한계를 시험해보면 더욱 성장할 기회가 열린다. 약간 불편할 수도 있다. 하지만 잊지 말자! 자신을 위험에 빠트리거나, 무모하게 행동하거나, 다른 사람에게 해를 끼쳐서는 안 된다.

이제 나만의 안전지대에서 벗어나 새로운 일에 도전하는 방법을 살펴보자. 아래 말풍선 빈칸을 채워서 시작해 보자.

> 내가 찾아야 할 다음 일은 바로 이것이다.

> 내 다음 모험은 이것이다.

다음에는 이런 친절한 행동을 할 것이다.

다음에 내가
할 일 것은 이것이다.

창의력 발휘하기

안전지대 밖으로 벗어나면 새로운 기술을 배우고 창의력을 발휘할 좋은 기회가 생긴다. 새롭게 도전하고 더욱 창의적인 아이디어로 미래를 준비할 방법들을 살펴보자.

일상 습관 바꾸기

하루하루를 매번 다르게 보낼 수는 없을까? 그렇게 할 수 있다. 예를 들어, 아침 일찍 산책을 해 보자. 물론 이른 아침 산책은 반드시 안전한 상황에서 해야 한다. 아니면 매일 밤 잠들기 전 스트레칭을 해 보자. 명상은 어떨까? 새로운 습관을 익히면 생각하는 방식도 달라지고 새로운 경험을 할 기회의 문도 활짝 열린다.

미디어 바꾸기

소셜미디어 사용 습관을 바꿔 나만의 안전지대에서 벗어나 보자. 평소 여러분은 주로 무엇을 보고 듣고 읽는가? 이제 그 매체는 그만 보고, 새로운 것을 시도해 보자. 예를 들면 한 번도 보지 않았던 뉴스 채널을 보는 건 어떨까? 잡지를 한 권 구해 한 번도 읽지 않았던 작가의 글도 읽어 보자. 새로운 라디오 프로그램을 들어보자. 새로운 선택에서 마음에 드는 점은 무엇이고 마음에 들지 않는 점은 무엇인가? 새로운 매체 덕분에 이전과는 뭔가 다른 생각을 하게 되었는가? 새로운 매체를 접할 때는 그 출처가 믿을 만한 곳인지 반드시 확인하는 것도 중요하다.

기록하는 습관

생각을 솔직하게 기록하는 습관을 기르면 내 마음이 흘러가는 방향을 이해하는 데 도움이 된다. 늘 같은 고민을 계속한다면 문제를 되돌아보며 해결책을 찾을 수도 있다. 감사한 일에 집중하는 것도 좋은 방법이다. 앞서 설명한 마인드맵으로 기록하는 것도 좋다. 종이 중앙에 문제를 적고 가능한 해결책을 하나씩 그려 보자. 예를 들어 '시험 때문에 걱정된다.'라고 적었다면, 친구들과 공부 모임을 만드는 것도 해결책이 될 수 있다. 다음 마인드맵을 참고하자.

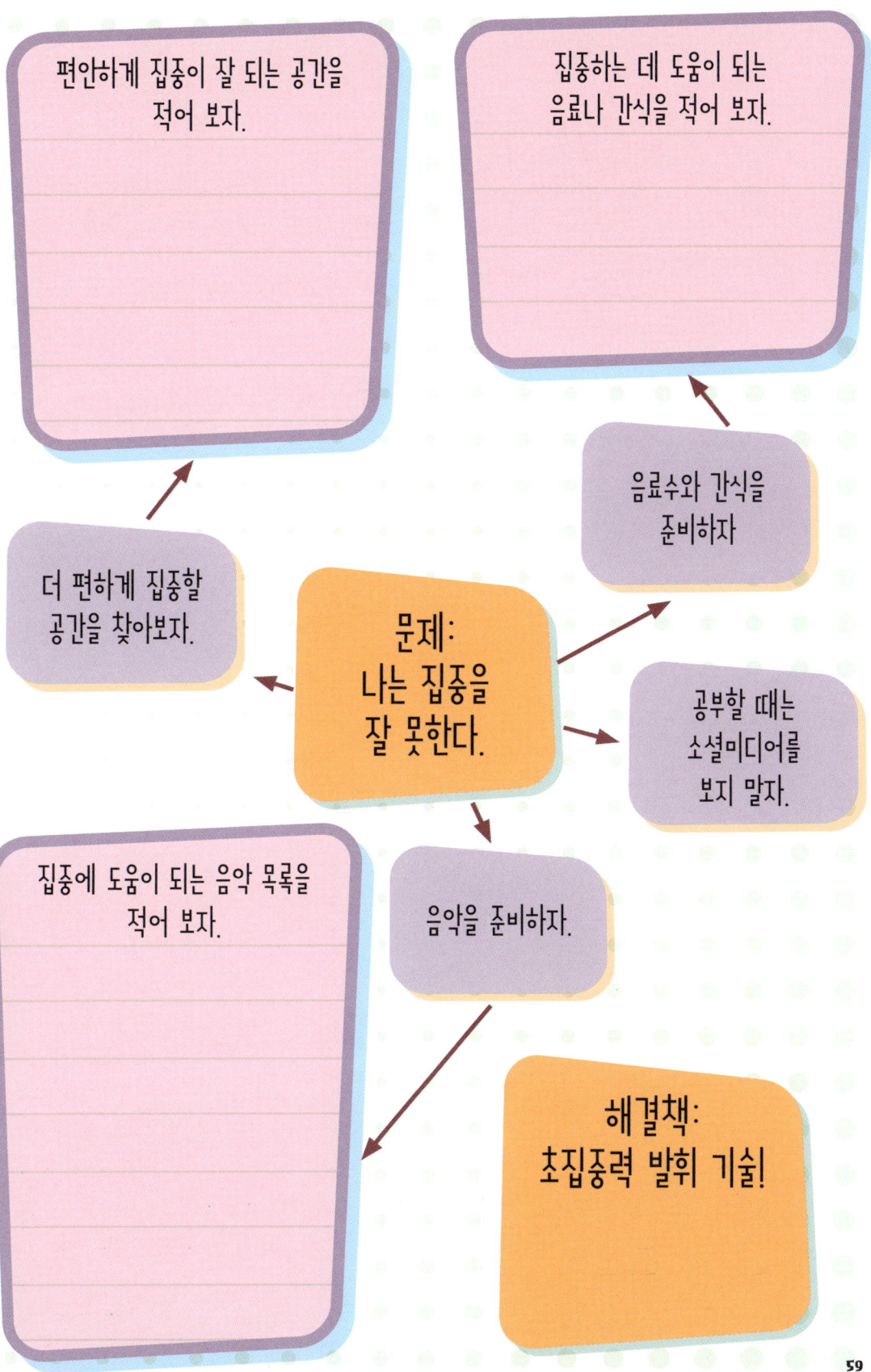

유능한 탐정

앞부분에서 이 책은 선택에 관한 책이라고 말했다. 그런데 여러 선택의 의미와 각각의 선택이 어떤 결과로 이어질지에 관한 정보가 없다면 좋은 선택을 내릴 수 없다. 최고의 탐정, 셜록의 모자를 쓰고 신뢰할 만한 좋은 정보를 찾아 탐색에 나서 보자.

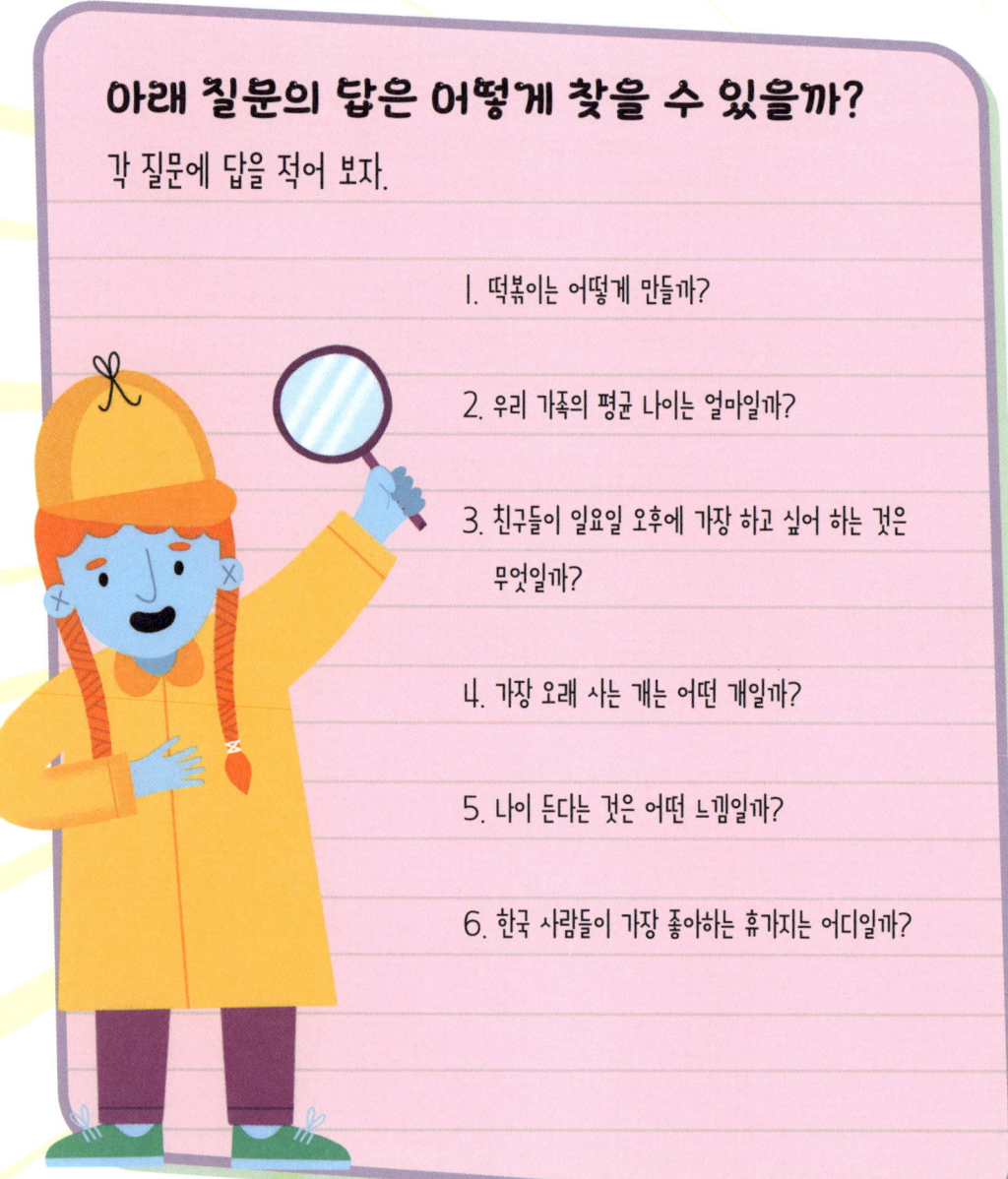

아래 질문의 답은 어떻게 찾을 수 있을까?

각 질문에 답을 적어 보자.

1. 떡볶이는 어떻게 만들까?

2. 우리 가족의 평균 나이는 얼마일까?

3. 친구들이 일요일 오후에 가장 하고 싶어 하는 것은 무엇일까?

4. 가장 오래 사는 개는 어떤 개일까?

5. 나이 든다는 것은 어떤 느낌일까?

6. 한국 사람들이 가장 좋아하는 휴가지는 어디일까?

인터넷 수사

인터넷은 가장 거대한 정보 창고다. 하지만 주의할 점이 있다.

모든 정보가 옳은 것은 아니다.

인터넷은 모든 사람이 쉽게 정보에 접근할 수 있다는 점에서 매우 훌륭한 도구다. 그러나 그만큼 가짜 정보도 많고 조작된 정보도 많다. 좋은 정보와 나쁜 정보를 구분하기는 쉽지 않다. 그러므로 인터넷 기사를 읽거나 동영상을 볼 때는 다음 질문을 해보자. 이 정보가 사실이라고 믿기에는 너무 좋지 않은가? 정보의 출처가 명확하고 믿을만한가? 기사의 품질이 좋은가, 아니면 오타와 실수가 잔뜩 있는가?

인터넷에는 곳곳에 광고가 숨어 있다.

언뜻 보면 기사나 정보가 광고처럼 보이지 않더라도 누군가를 특정 관점으로 설득하거나 무언가를 팔기 위해 쓴 광고성 기사가 많다.

중요한 것은 균형감

한 가지 관점에 치우친 기사도 많다. 균형 잡힌 관점은 매우 중요하다. 특히 한쪽 관점에만 치우쳐 특정 집단을 비난하며 많은 문제를 지적하는 기사도 있다. 부정적인 언어를 많이 사용한 기사라면 편향적(한쪽으로 치우침-옮긴이)인 기사일 가능성이 크다.

그렇다면 내가 찾은 정보가 올바른지 아닌지 어떻게 알 수 있을까?

정보 출처 확인

우선 정보를 쓴 사람이나 출처를 확인해보자. KBS, SBS, TV조선, MBC, 연합뉴스 채널 등 TV의 공식 뉴스 기관에서 제공한 정보라면 아마 정확할 것이다.

글쓴이 확인

글쓴이 정보를 확인하고 싶다면 인터넷 동호회나 카페 등의 정보 말고 공식 인물 정보를 확인해보자. 검색창에 이름을 검색하면 포털에서 제공하는 공식 인물 정보에서 그 사람에 관한 내용을 알 수 있다.

더 깊이 파고들기

두 사이트를 비교해 정보가 정확한지 확인하는 것이 좋다. 보통 여러 기사에서 같은 내용을 다루고 있다면 그 내용이 진짜일 가능성이 크다. 하지만 대형 언론사도 가짜 뉴스에 휘말리는 경우가 많으므로 기사나 영상을 볼 때는 늘 신중한 태도를 유지하는 것이 중요하다.

대화와 소통

어떤 경험을 진정으로 이해하려면 대화가 가장 좋은 방법이다. 독감에 걸리면 어떤 증상인지, 나이가 든다는 건 어떤 기분인지, 전쟁터에서 싸우는 것은 어떤 느낌인지 정말 알고 싶다면 그런 경험을 한 사람들과 대화를 나누고 그들의 이야기를 듣는 것이 가장 좋은 방법이다. 의사나 기자, 작가는 올바른 정보를 얻기 위해 대화를 가장 중요하게 여긴다.

특정 주제에 대해 더 깊이 알고 싶다면 공개 강연에 가 보는 것도 좋다. 온라인이건 오프라인이건 공개 강연을 하는 곳도 많으므로 미리 입장권을 예매해 두도록 하자. 자세한 정보는 대부분 강연 웹사이트에 자세히 나와 있다.

비판적 자세

비판적이라는 말은 형제자매의 패션 감각을 비난한다는 의미가 아니다. 비판적 자세란 정보와 경험을 평가한다는 의미다.

예컨대, 몸이 아프다면 어디에서 도움을 구해야 할까? 다음 문항을 보고 중요한 순서대로 1부터 6까지 번호를 매겨 보자.(1이 가장 중요한 것, 6이 가장 덜 중요한 것이다)

- ☐ 가장 친한 친구
- ☐ 부모님
- ☐ 병원
- ☐ 자신의 의견
- ☐ 인터넷 채팅창
- ☐ 정부에서 운영하는 건강 관련 웹사이트

가족이나 친구도 훌륭한 도움을 줄 수 있지만, 병원이나 정부에서 운영하는 공식 건강 웹사이트를 방문하는 것이 중요하다. 인터넷에서 증상을 찾아보는 것은 병을 진단하는 데 별로 도움이 되지 않는다. 오히려 불필요한 불안감만 커질 수도 있다.

이제, 유명한 사람에 관한 과제를 한다고 생각해보자. 어디에서 정보를 찾아야 할까? 한 곳에서만 정보를 구해도 괜찮을까?
아래 정치인 이름을 적고 그 사람에 관해 정보를 찾을 수 있는 곳을 두 곳 적어 보자.

이름:

출처1:

출처2:

이제 유명한 운동선수 이름을 적고 그 사람에 관해 정보를 찾을 수 있는 곳을 두 곳 적어 보자.

이름:

출처1:

출처2:

정치인과 운동선수에 관한 정보 출처가 같은가? 그래도 괜찮기는 하지만 두 사람의 정보 출처가 전혀 다를 수도 있다. 여기서 우리가 해야 할 일은 60~61쪽에서 이야기한 것과 같이 정보 출처를 평가해 보고 그 정보가 선생님이나 친구 등 다른 사람과 공유할 수 있을 정도로 신뢰성이 있는 정보인지 아닌지 판단해야 한다.

자기 비판적 자세

때때로 자기 자신에게 '더 잘할 수 있었을 텐데' 하는 생각이 들 때가 있다. 그래도 괜찮다. 자신의 행동에 비판적일 수 있다는 것은 매우 좋은 일이다. 그러나 자기 자신에게 다정하게 대해주어야 한다. 항상 완벽한 사람은 없으며 다른 사람에게 기대하는 것 그 이상을 자신에게 요구해서는 안 된다.

또한, 어떤 일을 더 잘하는 것도 중요하지만 지금껏 자신이 잘한 일을 자랑스러워하는 특별한 시간을 갖는 것도 중요하다. 사실, 자신이 잘한 일을 스스로 칭찬해 줘야 한다.

아래 빈칸에 조금 더 잘할 수 있는 일을 적어 보자. 가령 공부를 조금 더 열심히 하거나 방을 조금 더 깨끗하게 치우기 등을 적어 보자. 그다음엔 자신이 잘한 일, 예를 들면 축구 경기에서 골을 넣었다든지, 동생의 숙제를 도와주었다든지 하는 일을 적어 보자.

더 잘할 수 있는 일

정말 잘한 일

친절의 중요성

누군가에게 친절을 베풀 때 그 친절이 어떤 영향을 미치는지 정확히 알기는 어렵다. 하지만 상대방은 받은 친절을 기억한다.

개인 목표 목록에서 친절을 맨 위에 두는 건 어떨까?(영화 출연하거나 500만 팔로워 달성보다 친절을 더 위에 두자) 친절 베풀기는 어려운 일처럼 보여도 여러분이 잘할 수 있는 일이자 세상을 더 나은 곳으로 바꿀 수 있는 일이다.

왜 친절해야 할까?

친절은 세상을 움직이는 힘이다. 친절은 사람들의 기분을 더 좋게 만들어 주고 일이 더 잘 되게 해 준다. 친절은 받는 사람뿐 아니라 베푸는 사람의 기분도 좋아지게 한다.

친절이 항상 쉬운 것은 아니다

매일 마주치는 사람에게 친절하기란 쉽지 않으며 함께 사는 사람에게 한결같이 친절하기는 더욱 어렵다. 하지만 친절은 매일 보는 사람, 함께 사는 사람에게 가장 중요한 의미가 된다. 사실 매일 여러분을 귀찮게 하는 동생이나, 숙제하라고 잔소리하는 엄마에게 친절을 베풀기보다는 낯선 사람에게 친절하기가 훨씬 쉽다. 하지만 단순히 상대방의 말에 귀를 기울여주거나 누군가에게 샌드위치를 만들어 주는 작은 행동도 모두 친절이 될 수 있다. 이런 작은 행동은 여러분이 노력하고 있다는 것을 보여 주는 큰 신호가 된다.

친절의 시작

작은 행동 한 가지면 된다. 그거면 충분하다. 첫날부터 세계의 기아 문제를 해결할 수는 없다.(물론 그렇게 할 수 있다면 정말 굉장한 일이다) 그저 친절해지기 위한 한 가지 작은 방법을 찾으면 된다. 아주 많은 사람에게 영향을 미치지 않아도 된다. 한 명에게라도 친절을 베푼다면 그걸로 충분하다. 누군가에게 길을 알려 주거나, 무거운 짐을 든 사람을 도와주거나, 친구의 새 옷을 칭찬해 주자.

자선단체 도와주기

친절을 베푸는 한 가지 방법은 자선단체를 돕는 것이다. 자신에게 중요한 일이 무엇인지 찾아 그 일에 도움이 될 방법을 찾아보자. 자선단체의 기금 모금 행사를 돕는 것도 좋은 방법이다. 음식 기부 행사나 케이크 굽기, 모금 등 다양한 자선단체 활동이 있다. 이런 자선 단체에 자원봉사를 하는 것은 친절을 베푸는 아주 훌륭한 방법이다. 그 과정에서 새 친구를 만날 수도 있다.

무작위로 친절 실천하기

무작위로 친절한 행동을 할 수도 있다. 낯선 사람에게 한 번의 친절을 베풀 수도 있다.(물론 매일 낯선 사람에게 친절을 베푸는 사람도 있다) 누군가에게 커피를 타 준다거나, 다 읽은 책을 다른 사람이 읽을 수 있도록 버스 의자에 두고 내리는 방법도 있다.

사람들은 '받은 만큼 되갚기'를 좋아한다. 즉, 누군가 여러분에게 친절을 베풀었다면 여러분도 받은 친절을 다른 사람에게 전달한다는 의미다. 이렇게만 된다면 한 번의 친절이 계속 다른 사람에게 또 다른 사람에게 퍼져 나간다!

여러분이 지금 당장 실천할 수 있는 무작위 친절은 무엇이 있는가? 아래 빈칸에 최대한 많이 적어 보자. 몇 가지 친절 아이디어는 미리 적어 두었다.

- 오늘 저녁 식사 대접하기
- 부모님이나 어른에게 아무 이유 없이 꽃 선물하기
- 힘든 일을 겪는 친구에게 케이크 구워 주기
- 길거리에 버려진 쓰레기 줍기

놀라운 나 자신

나만의 영웅을 만들거나 유튜브 스타를 팔로우하는 것도 좋지만 그렇다고 내가 그들이 될 수는 없다. 나는 나일 뿐이다. 때론 다른 사람을 보느라 정신이 팔려서 정작 나 자신을 있는 그대로 즐겁게 받아들이고 이해하기 어려울 때도 있다.

나만의 유쾌한 습관, 내가 좋아하고 싫어하는 것, 내 열정, 내 단점 등 지금 나 자신의 모습에 감사하는 시간을 갖도록 하자. 내 모습 중 그 무엇도 부끄러워할 필요 없다. 여러분은 특별하고 소중한 존재다. 나 자신을 귀하게 여기자.

내 정체성을 찾기

'정체성'이라는 말은 우리 자신을 바라보는 방식을 설명할 때 사용하는 표현이다. 시간이 흐르면서 정체성이 달라지기도 하지만, 가끔 자신의 정체성에 대해 생각하는 시간을 가지는 것도 좋다. 디즈니 영화 〈인사이드 아웃〉을 본 사람은 알겠지만, 정체성은 한 가지가 아니라 여러 가지다.
정체성을 생각할 때 도시의 고층 건물이나 바다의 섬들에 비유하면 도움이 된다. 각 섬이 여러분을 구성하는 일부라고 생각해 보자. 여러분의 가족과 친구, 좋아하는 취미, 사는 장소, 엄청나게 좋아하는 영화나 책, 게임도 모두 여러분을 이루는 커다란 부분이다.
일단 다섯 개의 섬, 혹은 그 이상이 있다고 상상해 보자. 각각의 섬은 여러분의 어떤 모습인가? 아래에 보이는 섬에 글로 쓰거나 그림으로 그려 보자.

여러분은 지금 배 위에 서서 섬들 사이를 항해하고 있다.
여러분은 어디로 가고 있는가? 누구를 만날 것인가?
무엇을 할 것인가?
다른 사람은 보지 못했지만 여러분만 보이는 것이 있는가?

황금 울타리가
되어 주는 사람들

이제 이 책의 거의 끝까지 왔다. 지금껏 우리는 정체성과 목표를 이야기했고 학생으로서, 한 사람으로서 가장 나답게 되는 방법을 이야기했다. 여기에 한 가지가 빠졌다. 어떻게 보면 말하기 어려운 주제일 수도 있다. 바로 가족과 친구에 관한 이야기다.

한 사람과 살든 서른 명과 살든 같은 집에 사는 사람들은 우리가 처음 알아가게 되는 사람들이자 우리에게 큰 영향을 미치는 사람들이다. 솔직히 말하면 대부분 가족은 완벽하지 않다. 가족은 항상 여러분을 사랑으로 대하려 노력하고 필요한 모든 것을 주려고 애쓰지만 더러는 그렇게 되지 않을 때도 있다. 가족도 인간이다 보니 저마다 기쁨과 슬픔을 겪으며 살아간다. 여러분을 잘 돌보지 못할 때도 있고 가끔 화를 낼 때도 있다. 하지만 대부분 가족은 서로 유대감을 가지고 있으며, 여러분의 보호자는 항상 여러분을 돌보기 위해 최선을 다한다. 가족끼리 뭔가 잘 맞지 않고 어긋날 때는 늘 용서하려고 노력하되, 가족과 정말 힘든 문제가 있거나 가족에게 말하지 못할 고민이 있다면 신뢰할 만한 어른을 찾아가 상담하도록 하자. 가족에게 문제가 있다고 해서 그것이 항상 내 문제는 아니다.

두 번째 울타리는 친구다. 친구는 선택의 폭이 넓은 만큼 마음이 잘 맞는 친구를 선택하는 것이 중요하다. 친구 사이에서 가장 중요한 요소는 아마 믿음일 것이다. 재미있는 친구나 옷을 바꿔입을 수 있는 친구가 중요하다고 생각할 수도 있지만, 시간이 지날수록 누가 진정한 내 편인지 알게 된다. 내 편이 되는 친구는 정말 중요하다. 내 비밀을 지켜 주는 친구, 필요할 때 도와주는 친구, 나를 놀리거나 기분 나쁘게 하지 않는 친구야말로 누구나 원하는 친구가 아닐까.

친구

완벽하지 않더라도 나를 사랑해주는 사람들의 울타리 속에 내가 있다. 그 사랑을 다른 사람에게도 나눠주려고 노력하자.

그 외의 사람들

친구와 가족뿐 아니라 언제나 나를 응원해 주는 선생님, 삼촌, 이모, 고모, 이모부, 고모부 등도 있다. 이 사람들은 내 세 번째 울타리다. 선생님이나 다른 사람들은 생각보다 여러분을 훨씬 더 많이 아끼고 배려한다. 선생님은 학생들의 행복과 건강, 정체성을 매우 진지하게 걱정해준다. 만약 선생님이 여러분에게 개선해야 할 점을 말해 주거나, 숙제 검사를 엄격하게 한다 해도 너무 서운하게 생각하지 말자. 선생님의 진심은 항상 이것이다.
"나는 네가 잘 되길 바란단다!"

자료 출처

미래를 생각하면 덜컥 겁이 날 수도 있다. 배워야 할 것도 너무 많고, 어디에서 어떻게 시작해야 할지 몰라 당황할 수도 있다.

부모님이나 보호자, 믿을 수 있는 어른에게 물어보는 것도 좋은 방법이지만, 여러분이 스스로 알아보는 데 도움이 될 온라인 자료를 찾아봐도 좋다.

공부

칸 아카데미
www.khanacademy.org

에듀넷 티클리어
www.doran.edunet.net/main/mainForm.do (한국)

칸 아카데미와 에듀넷 티클리어는 예술, 수학부터 기술에 이르기까지 모든 분야를 다루는 초중·고등학생을 위한 무료 교육 사이트다. 다양한 동영상 강좌와 슬라이드 쇼, 퀴즈 등 학습에 도움이 되는 자료가 무궁무진하다.

직업

커리어 원 스톱
www.careeronestop.org/getmyfuture

커리어넷
www.career.go.kr/cnet/front/main/main.do (한국)

꿈길
www.ggoomgil.go.kr front/index.do (한국)

커리어 원스톱이나 커리어넷, 꿈길 등은 자신에게 잘 맞는 직업을 찾아볼 수 있는 웹사이트이다. 이력서 쓰는 법이나 직업을 구하는 방법이 잘 나와 있으며 대학 지원 방법도 참고할 수 있다.

로드 트립 네이션
www.roadtripnation.com/roadmap

원격 영상 진로 멘토링
www.mentoring.career.go.kr/school/index.do (한국)

로드 트립 네이션은 전문 분야 종사자들의 이야기가 담긴 영상과 팟캐스트가 소개된다. 한국의 원격영상 진로 멘토링은 전문 직업인에게 해당 직업 관련 수업을 들을 수 있는 사이트다. 자신이 어떤 분야에 관심이 있는지 다양한 방법을 통해 확인할 수 있으며 관심 있는 직업에 맞춰 준비하려면 어떻게 해야 하는지 정보가 나와 있다.

경제

프랙티컬 머니 스킬스
www.PracticalMoneySkills.com

청소년 금융 교육 협의회
www.fq.or.kr (한국)

기획재정부 어린이 경제 교실
kids.moef.go.kr/main.do (한국)

위 사이트들은 미래에 성공하는데 필요한 돈 관리 기술에 관한 정보를 제공한다. 금융 기관이 어떻게 운영되는지 알고 싶은가? 예산 짜는 법을 알고 싶은가? 첫 직장 구하는 법을 알고 싶은가? 부채에 관해 알고 싶은가? 위 사이트에 모두 나와 있다.

비즈 키즈
bizkids.com

금감원 어린이 금융 스쿨
www.fss.or.kr/edu

다양한 영상과 게임 등을 통해 비즈니스, 경제, 어른들의 경제 생활 등을 알려 주는 사이트다. 금융 사기를 피하는 방법은 물론 현실 세계에서 성공하는 데 도움이 되는 수많은 정보를 알 수 있다.

정신 건강

키즈 헬스
www.kidshealth.org/teens
청소년 사이버 상담센터
www.cyber1388.kr:447 (한국)

위 사이트는 신체 건강 및 정신 건강에 관한 정보를 제공해준다. 부모님과 대화하는 법은 물론 운전, 위생, 괴롭힘, 친구 관계 등 궁금한 것을 물어보면 다양한 분야의 전문가들이 대답해 준다. 이곳에서는 부끄러워하거나 어색해할 필요가 없다. 무엇이든 물어보고 도움을 받을 수 있다.

스탑 불링
www.stopbullying.gov (미국)
푸른나무재단
www.btf.or.kr (한국)

위 사이트는 괴롭힘 문제에 도움을 주는 곳이다. 가정 내 괴롭힘, 사이버 괴롭힘, 직장 및 학교에서의 괴롭힘 등의 문제에 필요한 도움을 제공한다. 자세한 정보와 조언은 웹사이트에 잘 나와 있다.

틴 라인
www.teenline.org
청소년 사이버 상담센터
www.cyber1388.kr:447 (한국)
탁틴내일
www.tacteen.net (한국)

위 사이트는 청소년을 위한 위기 상담 사이트다. 우울증이나 불안 같은 정신 건강 문제는 물론 분노, 시험 스트레스, 괴롭힘 등 다양한 고민을 상담할 수 있다. 틴라인에서는 훈련을 받은 청소년 상담사가 메시지 서비스를 제공하며 탁틴내일 사이트(한국)는 청소년 성범죄 문제에 관한 전문 상담을 제공한다.

찾아보기

가족 68
개인 정보 16
걱정, 불안 47, 71
건강 18, 36-37, 71
계좌 42
계획 12-13, 32
공부 방법 26-27, 70
공부 방식 28-29, 70
광고 47, 61
기억 9, 10-11
　　정신건강 18, 36-37, 71
기업인, 사업가 50
긴장 38-39
당좌대월 42
대출 43
대화 22-23, 61
돈 관리 40-41, 46-47, 70
돈 벌기 48-49, 50-51
　　(은행) 용어 42-43
　　저축 44-45, 52
돈의 가치 46
동기 26
동호회 12-13
　　〈동아리〉 참조
디지털 디톡스 18-19
　　〈안전한 온라인〉 참조
마인드맵 33
만들기 50-51, 52
말하기 22-23
목표 14-15, 26, 54-55
무작위로 친절 실천하기 65
미래 계획 54-55
미루기 34
보상 차트 12-13
부정적 감정 19
사기 16
성공 24-25

소셜미디어 16-17, 58
　　〈디지털 디톡스〉 참조
스트레스 해소 장난감 30-31
시각 학습 29
시간 관리 12-13, 27
　　공부 계획 32-33
신용카드 42
실패 24-25
악플러 16
안전지대 56-57
안전하게 일하기 49
안전한 공간 8-9
안전한 온라인 16-17, 61
　　〈디지털 디톡스〉 참조
염색 53
예산 45
용돈 벌기 48-49, 50-51
우선순위 41
운동 감각 학습 29
은행 계좌 42-43, 44, 70
이자(저축) 43
인내 14
인생 목표 14-15, 26, 54-55
일기, 기록 11, 58
일상 26, 58
자기비판 63
자선단체 64, 70-71
잠 19
저축하기 44-45
정체성 66-67
직불카드 42
직업 54-55, 70
집중 34-35
차분해지는 기술 8-9, 23, 30-31
청각 학습 29
취미 9, 50-51
친구 69

친절 64-65
패스트 패션 52
퍼티 만들기 31
포모 18
플래시카드 33
피젯 토이 30-31
학습 계획 12-13
행복한 공간 10-11
황금 울타리가 되어 주는
사람들 68-69